DER BIER GARTEN FÜHRER

Echte Biergärten in München und Umgebung

W0217686

KNÜRR

© 2012, Alois Knürr Verlags-GmbH

Sperberstr. 23 – 81827 München
Tel. 089 - 43 76 61 00 – Fax 089 - 4 39 29 86
knuerr-verlag@t-online.de
www.knuerr-verlag.de

Alle Rechte vorbehalten.

Gestaltung und Herstellung:
Design T.I.E.M. Klaus Gderra, München
Tel. 089 - 388 378 9-0 – Fax 089 - 82 99 56 26
gderra@designtiem.de

Druck:
GGP Media GmbH, Pößneck

ISBN 978-3-928432-48-1

Seit 200 Jahren ...

... gibt es die Münchner Biergartenkultur in ihrer heute bekannten Form. Seit bald 20 erscheint dieser Biergartenführer, die siebte Auflage halten Sie in Händen. Als wir in den 90er-Jahren angetreten sind, sah die Welt anders aus – Halbliterkrüge im Biergarten waren tabu, Bierbänke hatten nirgends Lehnen und viele Wirte waren stolz darauf, dass sie von den aufwändigen Holztischen auf pflegeleichte Plastikmöbel umgestellt hatten.

Wir, das sind zweieinhalb Bayern und ein Zuagroaster: ***Klaus Gderra,*** Münchner seit 1959 und nicht zufällig zwischen Chinaturm und Aumeister zu Hause, ist mit seiner Werbeagentur Design T.I.E.M. für das Erscheinungsbild des Buches verantwortlich. ***Stefan Keil***, geboren in, naja, janz weit droben, zog nach München noch bevor er einen Maßkrug halten konnte. Als Cheftester übertrumpft er immer wieder seinen eigenen Kilometerrekord bei der Suche nach entlegenen Kastanienoasen rund um München. ***Curt Schneider*** kam in Rufweite des Taxisgartens zur Welt – das ferne Klingeln der Maßkrüge muss ihn frühkindlich geprägt haben. Er wirkte als Schankkellner und schrieb die Texte für dieses Buch. ***Ernst Stürzenhofecker*** kommt aus Nürnberg. Als Franke darf man ihm natürlich nicht nachsagen, dass er aus Bayern stamme. Und als Kenner der fränkischen Bierkeller wirft er ein wohlwollend-kritisches Auge auf die Münchner Maßkrugszene.

Wir sind durch eine harte Schule gegangen – nämlich unsere eigene. Und so haben sich die Kriterien dafür, was ein echter Biergarten ist und was nicht, nach langen Jahren gemeinsamen Drückens von Schul- und Biergartenbank fast von selbst ergeben.

Wir danken ***Josef Aschenbrenner*** vom Design T.I.E.M. für die humorvollen Cartoons, die er für dieses Buch gezeichnet hat.
Und wir danken ***Alois Knürr*** vom Knürr-Verlag, der dieses Buch unter großem persönlichem Einsatz zum erfolgreichsten seiner Art gemacht hat.

Inhalt und Register

Die Zahlen hinter den Namen verweisen auf die Seitenzahl.

Was ist ein echter Biergarten?

„Beergarden" locken Schilder in Kuala Lumpur und Oklahoma City, zwischen Berlin und Bocholt stampft man sie aus dem Betonboden, das Hamburger Imitat hat Vierertische. Ja in München selbst drohen Etablissements aller Art einen „Biergarten" an – mit entsprechendem Ergebnis: Möblierte Gartenterrassen samt Kellner in Fliege, der Carpaccio an Trüffelsauce serviert und dazu vielleicht ein Premium-Gebräu in Bonsai-Format gefällig?

Solche Lokalitäten haben in diesem Führer nichts zu suchen. Hier versammeln sich die echten Biergärten nach alter Münchner Tradition und nur diese. Das sind die Biergärten, zu denen an warmen Sommerabenden ganz München strömt, den Brotzeitkorb unterm Arm. Dort unter den Kastanien tut sich eine ganze Welt auf: Für den Gaumen gibt's das Bier, für die Ohren das Klingeln der Maßkrüge und das fröhliche Schwatzen von vielen tausend Stimmen, für die Augen das bunte Kommen und Gehen und die bajuwarische Freud am Leben, und über allem liegt der Duft von Brathendln und Steckerlfisch, kurz: ein Fest für alle Sinne!

Oktoberfeste, Glockenspiele, Lodenhosen gibt es längst auf der ganzen Erde. Doch der Augustinerkeller an einem warmen Sommerabend ist einmalig auf der Welt, das ist unwiederholbar, nicht verpflanzbar, das ist Münchens ureigenstes Lebensgefühl und darum beneidet uns der Rest der Welt.

A Brotzeit muss sein!

Der Biergarten ist im Sommer das Wohnzimmer der Münchner. Kein warmer Abend, kein Wochenende, an dem man ihn auslässt. Dazu gehört natürlich auch die Brotzeit, und damit sich's auch Kleinverdiener leisten können – und das jeden Tag! – dürfen alle den Radi, das Brot, den Wurstsalat selber mitbringen, nur das Bier muss man kühl vom Wirt kaufen. Manche Selbstversorger bauen üppige Tafelfreuden auf, die meisten sind bescheidener.

Der Brauch ist alt. Um 1725 begannen die ersten Brauereien, in den Gasteigberg und andere Anhöhen rund um die Innenstadt Keller für die Kühlhaltung des Märzenbieres zu treiben. Darüber wurden Kastanien angepflanzt, deren Schatten die Kellergewölbe zusätzlich schützte.

1812, also vor 200 Jahren, bestätigte König Max I. Joseph das Recht zum Ausschank.

Dorthin zog man nun an warmen Tagen, denn nur hier gab es kühles Bier – das Münchner Schattendasein war geboren. Und weil es ein reiner Ausschank ohne Küche und Klimbim war, brachte man die Brotzeit gleich selber mit. Bei dem Brauch ist es bis heute geblieben, auch wenn inzwischen der Wirt seine eigenen Haxn anbietet.

Selbstbedienung muss sein!

Wer sich bedienen lassen will, bitte, aber es muss auch Selbstbedienung möglich sein. Oder was soll man davon halten, wenn am schönsten und wärmsten Sommerabend, dann also, wenn der Durscht natürlicherweise am größten ist und ganz München unter die Kastanien strömt, auch das Bier am längsten auf sich warten lässt? Wem würde nicht der Hals dick und der Mund staubtrocken, wenn man an solchen Abenden nach einer halben Stunde Kampf um die Aufmerksamkeit der Bedienung nur ein „i kimm ja glei" aus der Ferne hört? Wem wäre da nicht Selbstbedienung lieber, selbst wenn es bis zum Zapfhahn ein paar Minuten dauern sollte, aber es geht voran! Am schönsten ist das im Hirschgarten zu sehen: Bei Hochbetrieb werden im Garten einfach die Notschänken aufgemacht – die Holzfässer machen's möglich. Mit den Containern anderer Brauereien geht das leider nicht mehr. Aber Fass hin, Bier her, prost beinand, weil jetzt geht's los:

Übersichtsplan **Stadtgebiet**

Dieser Plan zeigt die Biergärten im Stadtgebiet München. Die Zahlen verweisen auf die Seiten, auf denen Sie die Biergärten finden.

- Übersichtsplan **Vororte**: Seiten 10/11
- Übersichtsplan **Umland**: Seiten 12/13
  Enthält die Biergärten in der weiteren Umgebung von München.

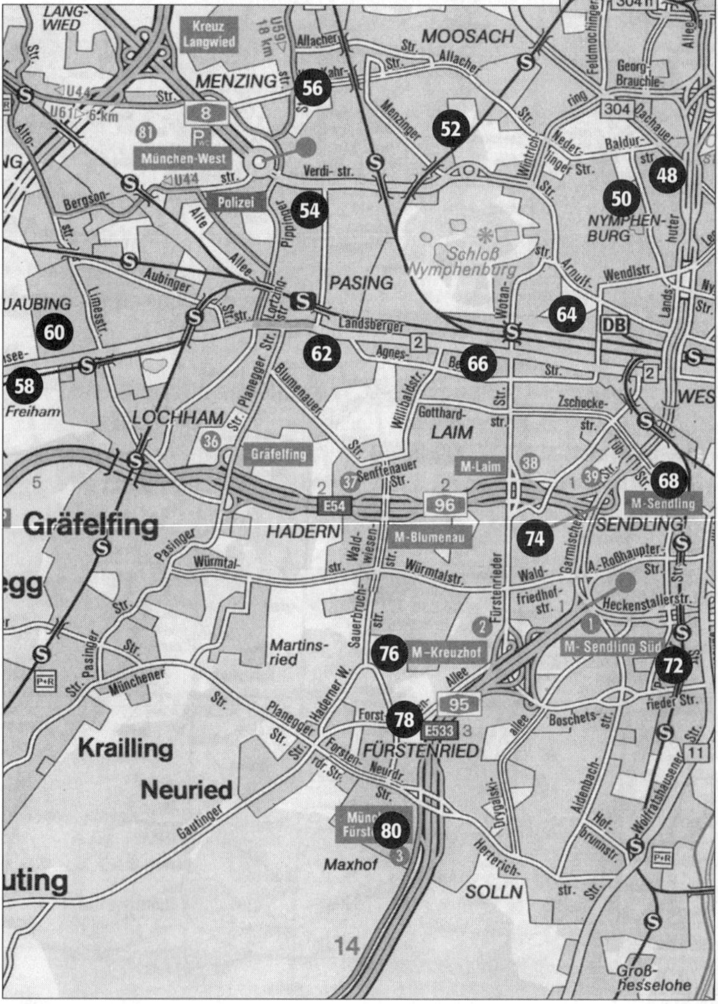

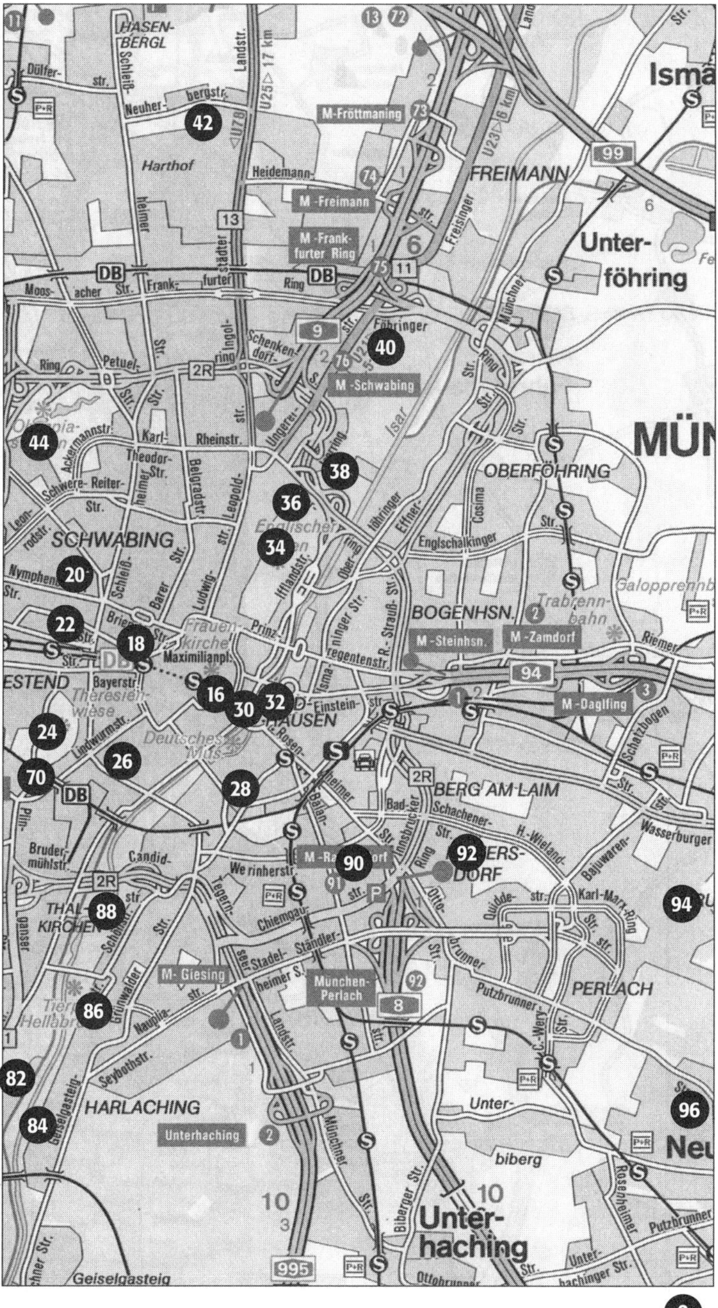
HASEN-
BERGL
Harthof
FREIMANN
Unter-
föhring
Ismä
M-Fröttmaning
M-Freimann
M-Frank-
furter Ring
M-Schwabing
MÜN
OBERFÖHRING
SCHWABING
Englischer
BOGENHSN.
M-Steinhsn.
M-Zamdorf
M-Daglfing
Trabrenn-
bahn
Galopprennb
Frauen-
kirche
Maximilianpl.
ESTEND
Theresien-
wiese
Deutsches
Mus.
BERG AM LAIM
M-Ramersdorf
PERLACH
THAL-
KIRCHEN
M-Giesing
München-
Perlach
HARLACHING
Unterhaching
Unter-
haching
Neu
Geiselgasteig
Isar
Olympia-
16
18
20
22
24
26
28
30
32
34
36
38
40
42
44
70
82
84
86
88
90
92
94
96

Übersichtsplan **Vororte**

Dieser Plan zeigt die Biergärten in den Münchner Vororten.
Die Zahlen verweisen auf die Seiten, auf denen Sie die Biergärten finden.

- Übersichtsplan **Stadtgebiet**: Seiten 8/9
- Übersichtsplan **Umland**: Seiten 12/13
  Umfasst die Biergärten in der weiteren Umgebung von München.

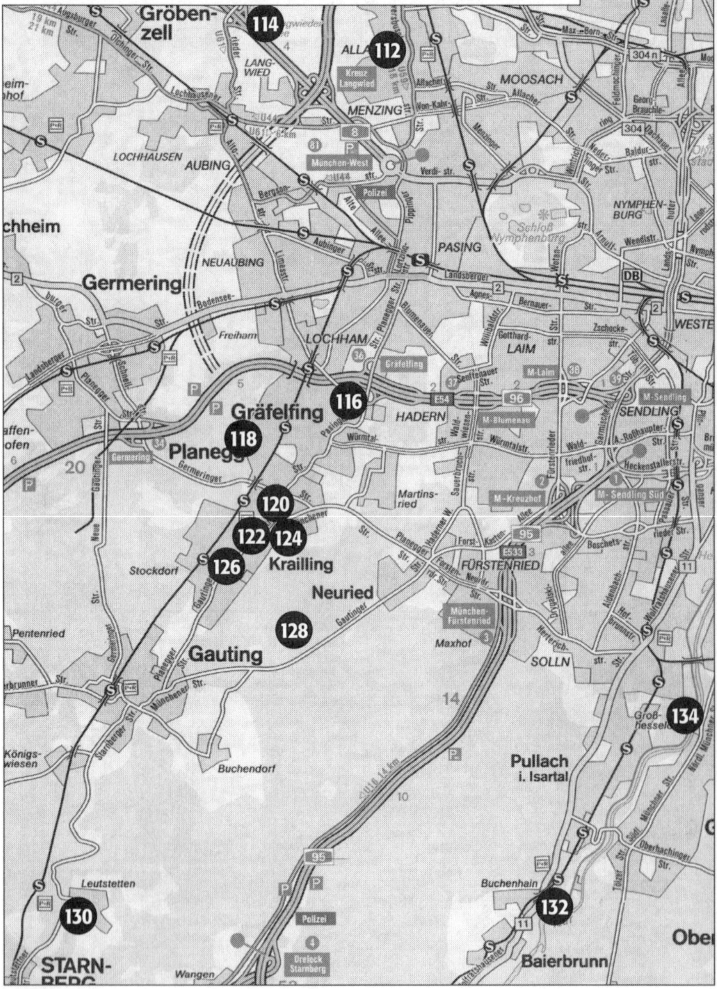

108

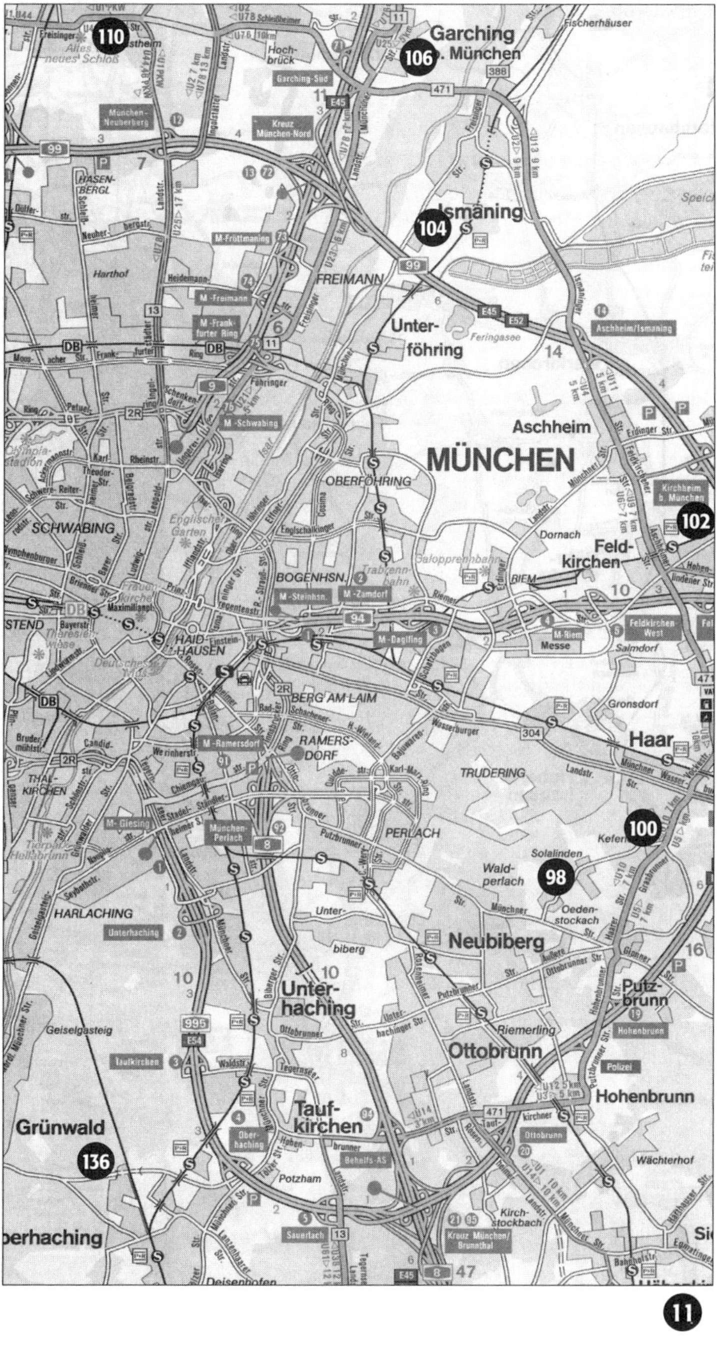
110
Garching
b. München
106
Fischerhäuser
Hochbrück
Garching-Süd
München-Neuherberg
Kreuz München-Nord
HASENBERGL
Ismaning
104
FREIMANN
Harthof
M-Fröttmaning
M-Freimann
M-Frankfurter Ring
Unterföhring
Feringasee
Aschheim/Ismaning
Aschheim
MÜNCHEN
M-Schwabing
Olympiastadion
OBERFÖHRING
SCHWABING
Englischer Garten
Kirchheim b. München
102
Dornach
Feldkirchen
BOGENHSN.
Trabrennbahn
Galopprennbahn
RIEM
M-Steinhsn.
M-Zamdorf
Frauenkirche
Theresienwiese
HAIDHAUSEN
M-Daglfing
M-Riem
Messe
Feldkirchen West
Salmdorf
Deutsches Museum
BERG AM LAIM
Gronsdorf
RAMERSDORF
M-Ramersdorf
Haar
TRUDERING
THALKIRCHEN
M-Giesing
München-Perlach
PERLACH
Tierpark Hellabrunn
100
Keferloh
Solalinden
Waldperlach
98
Oedenstockach
HARLACHING
Unterhaching
Unterbiberg
Neubiberg
Putzbrunn
Unterhaching
Hohenbrunn
Geiselgasteig
Riemerling
Ottobrunn
Taufkirchen
Polizei
Hohenbrunn
Grünwald
Taufkirchen
Oberhaching
Ottobrunn
Wächterhof
136
Beheifs-AS
Potzham
Kirchstockbach
Oberhaching
Sauerlach
Kreuz München/Brunnthal
Deisenhofen

Übersichtsplan **Umland**

Dieser Plan zeigt die Biergärten in der weiteren Umgebung von München.
Die Zahlen verweisen auf die Seiten, auf denen Sie die Biergärten finden.

- Übersichtsplan **Stadtgebiet**: Seiten 8/9
- Übersichtsplan **Vororte**: Seiten 10/11
  Umfasst die nähere Umgebung von München.

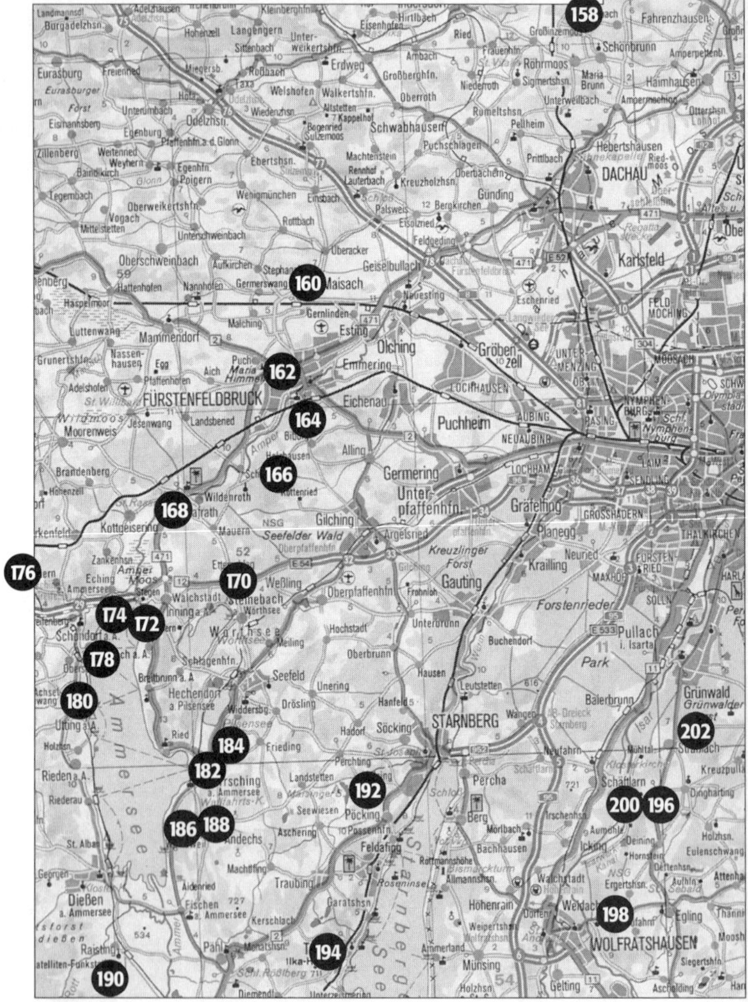

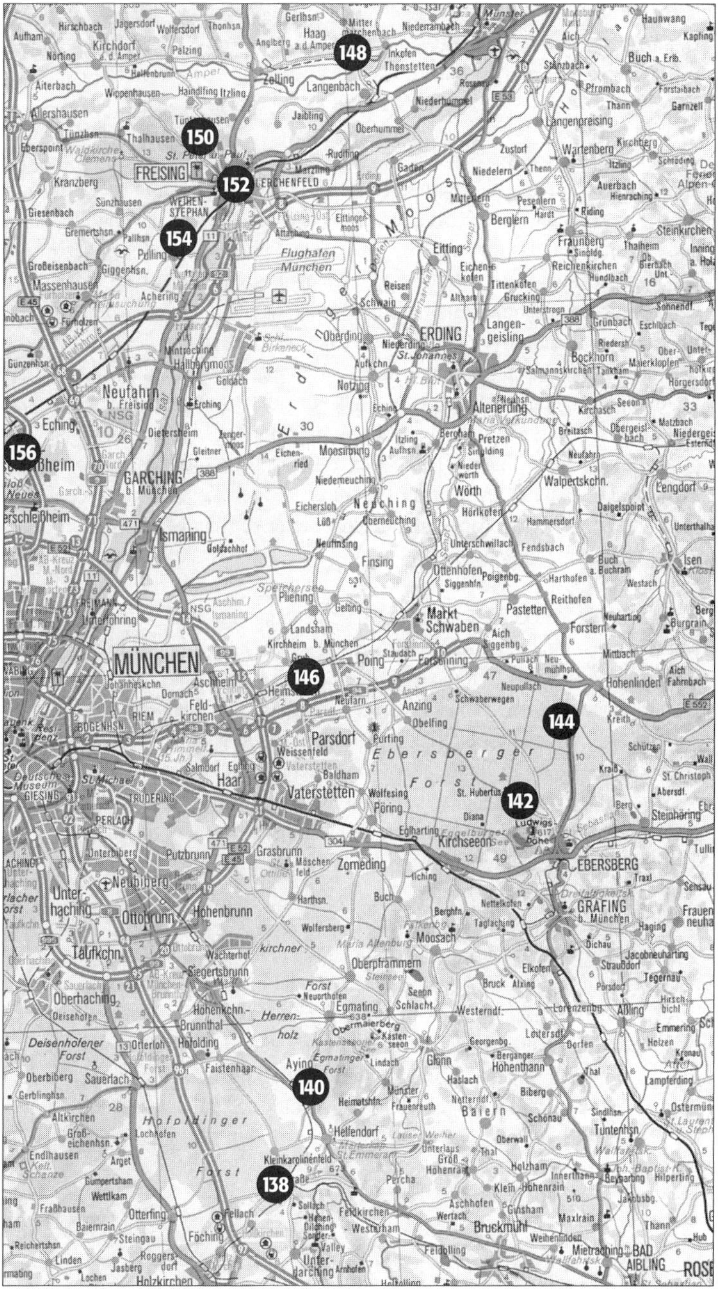
148
150
152
154
156
146
144
142
140
138
FREISING
ERDING
MÜNCHEN
GARCHING b. München
Flughafen München
Neufahrn b. Freising
Ismaning
Markt Schwaben
EBERSBERG
GRAFING b. München
Vaterstetten
Haar
Parsdorf
Poing
Kirchseeon
Zorneding
Unterhaching
Ottobrunn
Neubiberg
Oberhaching
Sauerlach
Aying
Glonn
Bruckmühl
BAD AIBLING
Holzkirchen
Altenerding
Langenpreising
Wartenberg
Moosinning
Finsing
Forstern
Steinhöring
Moosach
Egmating
Helfendorf
Ebersberger Forst
Hofoldinger Forst
Erdinger Moos

Gedanken zum Biergarten
von Corinna Binzer

Peinliche Brotzeit

Sind Sie schon mal in einem Biergarten neben einer Familie gesessen, bei der das Auspacken des Mitgebrachten länger als zwanzig Minuten gedauert hat? Ja? Dann waren Sie wahrscheinlich unser Tischnachbar!

Nicht dass sich meine Mutter und ich nicht absprechen würden, oder wir uns nicht vornehmen täten uns einmal zu mäßigen – nein – aber wir wollen eben für alle Eventualitäten gerüstet sein. Und da gibt es in einem Biergarten doch so einige. Zum Beispiel könnten wir auf dem Weg dorthin in einen tagelangen Stau geraten. Da könnten wir mit Sicherheit uns und die Autos vor und hinter uns locker „ernähren“. Es ist ja auch schon öfters passiert, dass man im Biergarten auf eine „arme“ Busgesellschaft trifft, denen allen das Geld gestohlen wurde, die seit Tagen nichts mehr zum Essen bekommen haben und deren Unterernährung wir ganz spontan Abhilfe schaffen müssen.

Und damit das Ganze auch in entsprechendem Ambiente stattfinden kann, wird erst mal ein-, bevor aufgedeckt wird. Dazu haben wir den Biergarten-Grundausstattungs-Korb dabei. Den Untergrund bildet eine wunderschöne Stofftischdecke auf der dann Sets und Untersetzer für Teller und Schüsseln, farblich passende Stoff- und Papierservietten, Brotzeitbrettl mit Soßenauffangranderl, Vorlegebesteck, Gabeln, Löffel und Messer in zwei Varianten – scharfe zum Schneiden und auch welche zum Streichen, Salzstreuer und Pfeffermühle, Zahnstocher, Senfglaserl, Tischabfalleimer, Kerzen in zwei Farben und Formen, Teelichter und ein Wasserschüsserl für den Hund.

Jetzt kommt Korb Nummer Zwei ins Spiel und der beinhaltet dann auch schon Essbares, welches keiner Kühlung bedarf: Brezn, verschiedene Semmeln, frisches Bauernbrot extra dunkel und einen Nusszopf zur Nachspeise. Radi und Radieserl, Essiggurkerl und Silberzwieberl, kleine Tomaten und Paprika aus eigener mühsamer Balkonaufzucht. Aus den beiden Kühltaschen kommt endlich das „Handfeste“ auf den Tisch:

Wurstsalat, natürlich nur aus Regensburgern mit Zwieferl und Schnittlauch, Essigknödel, Erdäpfekaas (da gibt es keine Übersetzung ins Hochdeutsche), Fleischpflanzerl, Kalter Braten, dessen warmen Geschmack man immer noch in Gedanken und auf der Zunge hat. Hartgekochte Eier, Emmentaler in Würfel, Salatgurke in hauchdünnen Scheiben und a geräuchertes Wammerl am Stück. Während wir uns zum Grund unserer Kühltaschen vorarbeiten und noch das eine oder andere Schmankerl dekorativ platzieren, sind unsere Männer geschlossen zur Schänke, nachdem sie heimlich die Stabilität des Tisches überprüft haben. Ich glaube, unsere leicht überladene „Festtafel" war ihnen ein bisserl peinlich und sie haben sich sehnlichst gewünscht, dass endlich der Reisebus kommt.

Und wenn Sie mich und meine Familie in einem der vielen wunderschönen Biergärten in und um München antreffen, dann dürfen'S ruhig in unser „Schlaraffenland" kommen und bissl was probieren. Sie brauchen nur eine gültige Busfahrkarte...

Corinna Binzer
Bayerische Volksschauspielerin
und Buchautorin

Viktualienmarkt

Der Biergarten ist die bayerische Version des Kommunismus und nirgends kann man das besser sehen als hier in Münchens bester Stube. Da sitzen sie alle: Banker, Broker, Hausfrau, Oberlandler, Penner, Nordlicht – alle einträchtig am gleichen Tisch. Naja bittschön, a bisserl Streit muss sein, aber dann prosten sich alle wieder zu und freuen sich des Lebens!

Leut schaun tun die Bayern sowieso gern, am besten mittags oder nachmittags, wenn das Leben um den Biergarten braust. Immer gibt's was zum sehen und staunen, zum grantln und spintisieren.

Der Biergarten bietet schattige Erholung vom Shopping-Stress. Zur Feierabend-Maß wirds ohnehin ruhiger hier. Übrigens: Die Münchner Brauereien übernehmen abwechselnd den Biernachschub.

80331 München-Innenstadt, Viktualienmarkt 6
Tel. 29 75 45

Wann:
Täglich 10 - 22 Uhr
Schon früh im Jahr offen

MVV:
S 1-8, U 3/6 Marienplatz,
Bus 52 Viktualienmarkt,
Tram 16/17 Reichenbachplatz

Rad:
Fußgängerzone, z.T. für Radler erlaubt, vom Isarradweg über Isartor;
1,2 km Park-Cafe (18)
2 km Hofbräukeller (32)

Parken:
Fußgängerzone!
Parkhäuser Innenstadt

Sitzplätze:
1100; meist Holzgarnituren

Essen:
Ringsrum Münchens größte Auswahl; eigenes Brotzeitstandl am Biergarten

Kinder:
Kein Spielplatz; keine Autos (Fußgängerzone)

Plus:
Buntes Publikum, bestes Essen, zentralste Lage, schattig

Minus:
Pflastersteinboden; abends extrem helles Licht vom Fischgeschäft

Fazit:
Rast von der Hast mit Gaumen- und Augenschmaus

16 Unser Tipp:

Auf den Alten Peter
Der Turm von Münchens ältester Kirche bietet die schönste Aussicht über die Stadt und die ganze bayerische Alpenkette. Vor den Preis hat Petrus den Schweiß gesetzt – zu Fuß müssen wir uns über enge Treppen und 306 Stufen hinaufzwängen, vorbei an den Glocken. Dann aber dürfen wir aufatmend ins Freie treten und die Aussichtsgalerie rundum abschreiten. Das bietet die Konkurrenz von Dom und Rathausturm nicht. Dort muss man drinnen bleiben. Offen 9-18.30 Uhr, Wochenende ab 10 Uhr. Eintritt € 1,50, ermäßigt € 1,- und € 0,30.

Park-Café

Wer das Park-Café mit der Nobel-Disco im selben Gebäude gleichsetzt, versäumt eine überraschend wenig bekannte, aber herrlich gelegene Einkehr mitten im Grün des Alten Botanischen Gartens, nur wenige Meter vom Verkehrsgewühl um Stachus und Hauptbahnhof. Durch die altgewachsenen Bäume spitzen der Kasperlbarock des Justizpalasts und die Backsteingotik des Oberlandesgerichts, auf der anderen Seite liegt Münchens feinster Advokatenwinkel, das neueste Hotel der Fünfeinhalbsterne-Klasse und mittendrin der Biergarten mit ganz normalem Publikum. Kaum ein Tourist findet den Weg hierher und selbst die streitbaren Juristen dümpeln friedfertig vor ihrer Ladung Reinheitsgebot.

Der Garten ist recht sonnig, ein dichtes Blätterdach bietet er nicht. Also muss der Wirt mit vielen Schirmen nachhelfen.

Lang hat der Biergarten offen, im Hochsommer kann es bis Mitternacht oder sogar länger Bier geben.

LÖWENBRÄU

80333 München-Innenstadt, Sophienstraße 7
Tel. 51 61 79 80, www.parkcafe089.de

Wann:
Täglich 11 - max. 24 Uhr

MVV:
S 1 - S 8, U 1/2/4/5;
Tram 16/17/18/27

Rad:
800 m Löwenbräukeller (20)
1 km Augustiner-Keller (22)
1,2 km Viktualienmarkt (16)

Parken:
Parkhäuser um Hauptbahnhof und Stachus.

Sitzplätze:
1600; durchweg Holzgarnituren

Essen:
Viele, vor allem kleine Brotzeiten
Alle Klassiker (von manchmal mäßiger Qualität)
Mo - Fr günstiges Mittagsgericht

Kinder:
Kein Spielplatz, aber viel Platz zum Spielen; Richtung Hotel *The Charles* großer neuer Spielplatz

Plus:
Zentrale Lage, alte Bäume, lange offen

Minus:
Viele Schirme; Pfand für Gläser

Fazit:
Überraschend ruhige, grüne Oase gleich am Stachus

18 Unser Tipp:

Drei Maß müssen sein
Ins Park-Café geht man erstens auf eine Durschtmaß nach dem Einkaufen in der Fußgängerzone; zweitens auf eine Begrüßungsmaß nach der Zugankunft im Hauptbahnhof und drittens auf eine Versöhnungsmaß, nachdem man gerade noch nebenan vor dem Münchner Amtsgericht ganz sakrisch zammgruckt ist – so schlimm war's ja gar nicht gmeint, also Prost Herr Nachbar!

Löwen-bräukeller

Klassischer Biergarten in neuem Gwand. Seit Christian Schottenhamel hier das Regiment führt, hat sich an diesem zentral gelegenen Biergarten vieles zum Guten gewendet: Die Schänke und die Brotzeitstraße sind unter die Arkaden der Terrasse gerückt; das unselige Pfand für die Krüge ist abgeschafft. Alles ist etwas kleiner als zuvor und heller zudem. Nur der Spielplatz, den schon der vorige Wirt abgeschafft hat, bleibt verschwunden. Dafür kann man nun Liegestühle mieten auf der Sonnenterrasse über der Brotzeitgasse.

Nicht jeder Zecher weiß, was ihn da benebelt – das frische Bier in allen Sorten aus der Brauerei nebenan oder die Auspuffgase, die über den Zaun wehen. Davon lässt sich das solid-münchnerische Publikum freilich keineswegs beeindrucken, ja es darf hier auch aus rauhen Kehlen gesungen werden – das Saisonbier und die Starkbiere lassen grüßen. Dann wird's schon gut sein, dass man weise aufs Auto verzichtet hat, schließlich hält die U-Bahn direkt vor dem Eingang. Na also, oane geht no!

LÖWENBRÄU

80335 München-Neuhausen
Nymphenburger Straße 2, direkt am Stiglmaierplatz
Tel. 5 47 26 69-0, www.loewenbraeukeller.com

Wann:
Täglich 11 - max. 24 Uhr

MVV:
U 1, Tram 20/21
Stiglmaierplatz

Rad:
Radwege Dachauer-, Brienner-, Nymphenburger-Straße;
800 m Augustiner-Keller (22)
800 m Park-Café (18)
3 km Taxisgarten (50)

Parken:
Schlecht, nur kleiner P

Sitzplätze:
1000; meist Holzgarnituren

Essen:
Große Auswahl an deftigen wie leichteren Gerichten; Broterei mit Brot und Aufstrich, diverse Flammkuchen

Kinder:
Kein Platz für Kinder!

Plus:
Stimmung, bis spät geöffnet, U-Bahn vor der Haustür

Minus:
Kein Spielplatz, viele Schirme

Fazit:
Münchner Klassiker ohne Starallüren

20 Unser Tipp:

Bayern-Kultour
Ein paar Gehminuten vom Löwenbräukeller gesellt sich zu Bayerns Lebensart die bayerische Kunst: Das Lenbachhaus am Königsplatz beherbergt Meisterwerke von Bayerns eigener Kunst-Schöpfung, dem Blauen Reiter. *Kandinsky* und *Franz Marc* tauften ihren Stil, ganz passend, in der Gartenwirtschaft von Sindelsdorf.
Das Museum ist klein und fein, es erschlägt uns nicht mit Opulenz. Wer Lenbachhaus und Löwenbräukeller zusammen besucht, sieht eine ganze Menge Bayern!

Augustiner-Keller

Wenn Sie *den* Biergarten suchen, hier ist er. Aus der Hektik der Innenstadt hier einzutauchen unters grüne Dämmerdach, in das Geklingel der Krüge und Gebrumme der Maßarbeiter, das gehört zu den bajuwarischen Urgefühlen, das ist Münchner Schatten-Dasein schlechthin. Doch wie soll man's beschreiben, was man erleben, ja mit allen Sinnen fassen muß?

Stammtisch reiht sich an Stammtisch, über hundert an der Zahl, alle umsorgt von resoluten Bedienungen. Die Kenner aber sitzen hinten bei den Selbstabholern und warten auf das nächste Fass Edelstoff aus dem mit Eis perfekt temperierten Bierkeller. Eine Glocke kündigt den Fasswechsel an. Spätestens, wenn uns der Wirt die dritte Maß eingeschenkt hat, ist's der schönste Platz von der ganzen Welt!

Einzigartig ist auch die Befreiungshalle am Haupteingang. Dazu nur soviel: Damen sind dort verpönt – das soll sich aber dank der imposanten Generalsanierung der Buden für die bedienten Tische ändern.

J. W.
Augustiner-
Bräu München
gegründet 1328

80335 München-Neuhausen
Arnulfstraße 52, Ecke Zirkus-Krone-Straße
Tel. 59 43 93, www.augustinerkeller.de

Wann:
Täglich 11 - max. 1 Uhr
Ausschankende ca. 23.30 Uhr

MVV:
S 1 - 8, Tram 16/17 Hackerbrücke

Rad:
800 m Löwenbräukeller (20)
1 km Park-Café (18)
3 km Hirschgarten (64)

Parken:
Beschränkt, in den Straßen ringsum

Sitzplätze:
5000; durchweg Holztische

Essen:
Große Auswahl, viele Käsesorten, meist gutes Hendl

Kinder:
Schöner Spielplatz mit Auslauf

Plus:
Stadtlage, beste Stimmung, der Klassiker

Minus:
Keine familienfreundlichen Preise; Tische extrem eng gestellt

Fazit:
Der münchnerischste aller Biergärten; muss man erlebt haben!

22 Unser Tipp:

Ab in den Eiskeller
Wird's Ihnen im Biergarten allzu heiß, probieren Sie den ehemaligen Eiskeller aus, acht Meter unter der Erde und inzwischen zum großen, urigen Biergewölbe ausgebaut. Voll wird es hier gerne und laut ist es auch, das Tonnengewölbe potenziert das Stimmengewirr - also unbedingt ausprobieren! Offen ab 16 Uhr, doch sonntags und feiertags geschlossen.

Wirtshaus am Bavariapark

Der halbwegs neue Biergarten im Bavariapark gehört zum gleichnamigen Gasthaus gleich hinter der Bavaria. Seit dem Umzug der Messe ist hier im historischen Theresienhain, dem späteren Bavariapark, ein ganz neuer Stadtteil entstanden. Natürlich mit Biergartenanschluss. Das gibt dem Garten auch den Charakter vor: Mitten in der Stadt sind wir halb im Park mit seinen schattigen, alten Bäumen und halb von den alten, durchaus reizvollen Messehallen umgeben. Die Kinder haben viel Auslauf unmittelbar am autofreien Zentralen Platz der alten Messe. Dort gibt es immer was zum Anschauen und Spielen. Sogar mitten im Biergarten grünt eine Oase ohne Tische.

Leider ist der Garten nur zur Hälfte für uns frei, den großen Rest belegt die bediente Terrasse, die auch die besten Plätze für sich beansprucht.

Wer nicht nüchtern in den Wies'n-Wahnsinn eintauchen will, kann sich hier nochmal herzhaft stärken.

J. W.
Augustiner-Bräu München
gegründet 1328

80339 München, Theresienhöhe 15
Tel. 45 21 16 73, www.wirtshaus-am-bavariapark.com

Wann:
Mo - Fr 12 - 23 Uhr
Sa ab 13 Uhr, So ab 11 Uhr

MVV:
U 4/5 Schwanthalerhöhe
Bus 53/134

Rad:
1,5 km Augustinerkeller (22)
3 km Hopfengarten (68)

Parken:
Kleiner P am Biergarten; sonst Theresienwiese oder Parkhaus Heimeranstraße

Sitzplätze:
Sitzplätze: 1200; durchweg Holz

Essen:
Übliche Auswahl; Fischer Vroni

Kinder:
Kleiner Spielplatz; viel Auslauf

Plus:
Reizvolle Lage; viel Platz

Fazit:
Neue Schänke in altem Park

24 Unser Tipp:

Ins Verkehrszentrum
Das Verkehrszentrum, eine Sonderausstellung des Deutschen Museums, liegt nur durch den autofreien Zentralen Platz vom Biergarten getrennt. Alte Dampflokomotiven, Salonwagen von Königs, Oldtimer, Formel-1-Flitzer – hier hat sich alles mal bewegt. Auf die Kleinen wartet der Kinderbereich „Lust an Technik und Bewegung“. An Wochenenden und Feiertagen gibt es ein extra Kinder- und Familienprogramm.
Offen von 9 - 17 Uhr. Eintritt 6,00 €, ermäßigt 3,00 €, Kinder unter 6 Jahren frei.

Paulaner Bräuhaus

Der Bräuhaus-Biergarten bietet zentrale Lage inklusive Auspuffanschluss. Es fühlt sich als „offizieller Ausrüster des bayerischen Lebensgefühls“, denn hier wurde 1889 das erste Münchner Hell als Vollbier eingebraut.

Heute stößt die alte Braustätte fünf verschiedene Saisonbiere pro Jahr aus wie Pauline oder Schwarzer Kapuziner, aber von jeder Sorte nur einen Sudkessel. Fragen Sie also bei Ihrem Besuch, ob es gerade ein frisch gebrautes Spezialbier gibt. Das können Sie dann auch im Syphon mitnehmen.

Nur ein Holzzaun dämmt den Lärm der nahen Straße, die Häuser ringsum schauen direkt in den Maßkrug, wir sind in der Innenstadt. Die Biergarten-Lounge war wohl dem Zeitgeist geschuldet. Ein Spielplatz freut Kinder und Eltern.

Zur Isar ist es nicht weit, wer also dort entlangradelt, mag einmal hereinschauen. Es gibt vorzügliches Paulaner-Bier, im Hause gebraut und trüb belassen. Leider haben die Buden bei weniger sicherem Wetter schon mal zu.

80337 München-Sendling, Kapuziner Platz 5
Tel. 5 44 61 10, www.paulanerbraeuhaus.de

Wann:
Täglich 12 - 23 Uhr
SB nicht immer offen

MVV:
U 3/6 Goetheplatz,
Bus 58 Kapuzinerplatz

Rad:
Radweg Lindwurmstraße;
Kapuzinerstraße ohne Radweg, verkehrsreich!
2,5 km Flaucher (88)

Parken:
Sehr schwierig auf der Straße

Sitzplätze:
600; durchweg Holztische

Essen:
Das eigentliche Schmankerl ist das naturtrübe Bier, ansonsten das übliche Angebot;
Mo - Fr Mittagstisch

Kinder:
Kleiner Spielplatz, gut einsehbar

Plus:
Günstige Preise, Innenstadtlage, Spezialbier

Minus:
Straßenlärm

Fazit:
Für Bierkenner empfehlenswert

26 Unser Tipp:

Jungbierprobe

Durch die Hausbrauerei mit anschließender Jungbierprobe führt Sie der Braumeister persönlich, freilich erst, wenn mindestens 15 Leute zusammenkommen. Sind Sie also zu fünft, fragen Sie einfach andere Gäste, meist finden sich noch (Pro)Bierwillige. Der Braumeister ist wochentags von 10 bis 17 Uhr im Haus und braut. Wer einmal so tief in die Mysterien des Brauens eingedrungen ist, nimmt auch gern einen Syphon besten Bieres mit, wie es einst unsere Großväter getan.

Paulaner am Nockherberg

A bisserl weltberühmt ist er schon, der Klassiker auf dem Nockherberg, diese „Freilichtbühne der Münchner Lebensart“ (Eigenwerbung), vielen noch unter dem alten Namen Salvatorkeller bekannt. Der Starkbierausschank zur Fastenzeit kommt für Biergartengänger meist zu früh, außer man erwischt einen strahlenden Märztag.

Nach dem verheerenden Brand des Paulanerkellers öffnete der Biergarten 2003 wieder – neu durchgestylt, aber mit alten Bäumen, die das Inferno wie durch ein Wunder überstanden haben.

Wie immer bei solchen Generalüberholungen ist ein bisschen altbackener Charme verloren gegangen – auf drei Seiten umsteht durchgestylte Messearchitektur den Garten. Dafür ist der Service für die Gäste verbessert worden. Insgesamt hält sich der Paulanerkeller wacker: Die neue Service-Straße und ähnliche moderne Errungenschaften können die Stimmung im wohl ältesten erhaltenen Bierkeller Münchens nicht vertreiben. Der heimliche Nabel Giesings ist wieder zu alter Herrlichkeit aufgeblüht. Dann also wohl bekomm's mit einer Maß Salvator oder dem Nockherberger – dem trüben Kellerbier.

PAULANER

Feinste Münchner Braukunst seit 1634

81541 München-Giesing, Hochstraße 77
Tel. 4 59 91 30, www.nockherberg.com

Wann:
Täglich 11.30 - ultimo (kann auch bis 12 Uhr nachts sein)

MVV:
U 1/2 Kolumbusplatz
Tram 15/17/25 Ostfriedhof
Bus 52 Mariahilfplatz

Rad:
2 km Hofbräukeller (32)
3 km Alter Wirt Ramersdorf (90)

Parken:
P am Biergarten vorhanden; dazu kostenpflichtige Tiefgarage

Sitzplätze:
2300; überwiegend Holzgarnituren

Essen:
Große Auswahl in der "Service-Straße", z.B. Brust-Spare Ribs mit guten Saucen, Weißbier Obatzda

Kinder:
Spielplatz vorhanden, nur z.T. einsehbar

Plus:
Schattiger Garten, süffiges Bier, Biergarten schon seit 1820

Minus:
Service fast zu perfekt durchgestylt, Messecharme

Fazit:
Ein bisserl Charme ist abgebrannt, aber ein gemütlicher Klassiker ist's geblieben

28 Unser Tipp:

Lichter auf dem Berg
Einmal im Sommer gibt's hier oben ein Lampionfest. Jeder Tisch wird dann mit Lampions illuminiert, die die Gäste anschließend mit nach Hause nehmen können. Das sorgt für ganz wunderbares Licht im Biergarten, das gefällt Groß und Klein gleichermaßen. Ende Juli muss man auch nicht mehr so furchtbar lange warten wie im Juni, bis endlich die Dunkelheit hereinbricht und das Lichtermeer seine volle Pracht entfalten kann.

Muffatwerk

Der Biergarten an der Muffathalle liegt zwar von der Straße aus gut versteckt, dafür aber ganz nah an der Radlerautobahn entlang der Isar. Trotz Flussnähe kriegt man hier nichts vom Wasser mit, dafür sorgen der Zaun, der durchaus reizvolle Fabrikeinfahrtcharme und der Hinterhofcharakter.

Im Biergarten angelangt tischt Münchens erster „zertifizierter Biobiergarten“ Herrmannsdorfer Fleisch vom Lavasteingrill auf. Vor allem wird das warme Essen frisch zubereitet, liegt also nicht schon halb vertrocknet in der Theke.

An klassischem Biergartencharme mangelt es ein wenig. Hier kehren eher die Szenegänger der Muffathalle ein, am Wochenende durchmischt vom Ausflugspublikum. Bis ein Uhr nachts oder jedenfalls bis open end hat der Garten offen, denn hier spucken uns keine muffigen Anwohner in den Maßkrug. Unter "Münchens größter Markise" finden 100 Leute Schutz. Kinder haben im Biergarten leider nur eine große Sandkiste, größere Kinder können auf einen großen öffentlichen Spielplatz 150 Meter weiter ausweichen.

HB
MÜNCHEN

81667 München-Haidhausen, Zellstraße 4
Tel. 45 87 50 73, www.muffatwerk.de

Wann:
Mo - Do 16 - 1 Uhr
Fr - So ab 12 Uhr

MVV:
S 1 - 8 Isartor; Tram 16 bis Deutsches Museum

Rad:
Isarradweg; Radweg über Ludwigsbrücke zum Isartor
1 km Hofbräukeller (32)
4 km Flaucher (88)

Parken:
Schwierig, Parklizenzgebiet, evtl. Tiefgarage Am Gasteig

Sitzplätze:
350; durchweg Holzgarnituren

Essen:
Frisch zubereitetes Biofleisch; mediterrane Speisen. Warme Speisen erst zahlen, dann an der Ausgabe abholen

Kinder:
Nur eine große Sandkiste, gut einsehbar

Plus:
Günstige Lage; frisch zubereitetes Essen; abends lange offen

Minus:
Für Kinder nur Sand; viele Schirme

Fazit:
Angenehmer Biergarten mit Szeneanschluss, aber ohne Allüren

30 Unser Tipp:

Volksbadetag
Das Müllersche Volksbad gleich vor der Muffathalle muss jeder mal erlebt haben: Es ist das Juwel unter den öffentlichen Bädern Deutschlands. Um 1900 im schönsten Jugendstil erbaut, galt es damals als modernste und aufwändigste Badeanstalt überhaupt.
Die originale Pracht der Schwimmhallen, Schwitzbäder und hölzernen Umkleidekabinen steht uns heute täglich von 7.30 bis 23 Uhr offen (Montag große Halle nur bis 17 Uhr). Nähere Infos unter www.swm.de/m-baeder

Hofbräukeller

Unter den Kastanien des Hofbräukellers (nicht zu verwechseln mit dem *Hofbräuhaus*!) lässt sich noch ein echtes Stück Altmünchner Bierkeller-Atmosphäre schnuppern.

Gleich neben dem Eingang verbreitet zwar eine Liegestuhl-Armada mit Blick zum Biergarten Rimini-Ambiente. Aber keine Bange: Wer's deftiger mag, kann sich wie eh und je zwischen Schenke und Salettl reindrucken, grad da, wo in lauer Sommernacht ein Meer von Köpfen dicht an dicht hockt und, bajuwarisch leidenschaftlich bei der Sach, dem Bier und dem prallen Leben zuspricht!

Eng geht's hier oft zu und wenn ein Kinderwagl neben dem Biertisch steht, ist fast kein Durchkommen mehr.

Das ficht uns aber kaum an, spätestens bei der zweiten Maß passt alles. Ohnehin ist dies kein Biergarten, in den man für den schnellen Durst geht, hier sitzen die meisten Leute fest, und das verstehen wir auch. Also unbedingt ausprobieren!

HB

MÜNCHEN

81667 München-Haidhausen, Innere Wiener Straße 19, Tel. 4 59 92 50, www.hofbraeukeller.de

Wann:
Täglich 10 - 24 Uhr (Schankschluss 22.30 Uhr)

MVV:
U 4/5, Tram 16 Wiener Platz,
Tram 15/19/25 Max-Weber-Platz

Rad:
Vom Isarradweg am Maximilianeum hinauf und rechts zum Biergarten;
2 km Chinesischer Turm (34)
5 km Flaucher (88)

Parken:
Schwierig, evtl. im Parkhaus Innere Wiener Straße). Ticket im Biergarten stempeln lassen – dann wird's billiger!

Sitzplätze:
2000; durchweg Holzgarnituren

Essen:
Übliche Auswahl, am Abend oft manches ausverkauft

Kinder:
Spielplatz vorhanden
Große Wiese jenseits des Zauns

Plus:
Innenstadtlage, Klassiker, schattig, gute Stimmung

Minus:
Sehr eng gestellte Tische, Pfand für Krüge

Fazit:
Traditions-Biergarten mit Ur-Münchner Flair

32 Unser Tipp:

Deutsches Museum
Tagelang kann man sich in diesem Riesen-Museum verlieren. Wir lassen es gemütlicher angehen. Wie eh und je interessiert die Kinder das Bergwerk und die regelmäßig stattfindende Blitz-Show mit künstlich erzeugten Blitzen. Ansonsten hilft nur Maß halten und nicht alles sehen wollen, es würde eh nicht gelingen. Endlich bringt uns die Tramlinie 16 zwei Stationen weiter zum Eingang des Biergartens.

Chinesischer Turm

Münchens buntester Biergarten bietet viel fürs Auge und fürs Ohr. Vom ersten milden Sonnenstrahl an sitzen am Chinaturm schon die Unentwegten bei der ersten Maß der Saison. Wird es wärmer, flaniert ein lustiges Schwabinger Völkchen in allen Kleidern und Hautfarben von Uni und Leopoldstraße herüber und trifft hier im Herzen des Englischen Gartens auf Unmengen Sommerfrischler. Die überwiegen an den Wochenend-Nachmittagen klar. Dann spielt auch eine zünftige Blasmusik auf. Der können wir bei schönem Wetter auch mittwochs und freitags bis zum frühen Abend lauschen.

Das Pfand für Krüge stört uns, aber das beruht auf einer Auflage der Parkverwaltung, deren Mähmaschinen durch herrenlos auf den Wiesen herumliegende Maßkrüge argen Schaden litten. Trotzdem, Pfand hin, Krug her, Chinaturm bleibt Chinaturm.

MÜNCHEN

80538 München-Schwabing, Englischer Garten 3
Tel. 38 38 73 20, www.chinaturm.de

Wann:
Täglich 10 - 22/23 Uhr geöffnet z.T. ab Februar

MVV:
Bus 54/154 Chinesischer Turm, Tram 18 Tivolistraße, U 3/6 Giselastraße

Rad:
Radwege Englischer Garten oder von Leopoldstraße über Tivolistraße;
1 km Seehaus (36)
2 km Hirschau (38)
4 km Aumeister (40)

Parken:
P mit Gebühr

Sitzplätze:
7000; großteils Holzgarnituren

Essen:
Große Auswahl für jeden Geschmack, z.B. Karibische Gerichte, auch viele kleine Brotzeiten

Kinder:
Spielplatz vorhanden, von einigen Tischen einsehbar; historisches Karussell

Plus:
Lage im Englischen Garten, Blasmusik, lustiges Völkchen

Minus:
Pfand für Krüge

Fazit:
Ein Muss im Herzen des Englischen Gartens

34 Unser Tipp:

Kutschfahrt im Englischen Garten

Lohnkutscher *Hans Holzmann* steht seit 40 Jahren am Chinaturm für Sie bereit. Wie wär's mit einer Fahrt ins Glück in der weißen Hochzeitskutsche oder einem Ausflug im großen Gesellschaftswagen für 12 Personen?
Münchens einziges Kutschenunternehmen steht ab Mittag zur Verfügung, Telefon von 10 - 12 Uhr 18 06 08; www.kutschen-muenchen.de

Seehaus

Wer gesehen werden will, kommt hierher. Wer Leute sehen will, die gesehen werden wollen, kommt her. Und wer glaubt, daß man ihn/sie sehen will, kommt auch her. Wer bloß friedlich den schönen Blick auf See und Park genießen will, kommt auf seine Kosten. Alle sind happy around, auch die Kinder, die können die Schwäne füttern oder im hinteren Gartenteil auf dem Holzschiff Piraten spielen.

Erste Adresse ist das Seehaus im Winter bei Föhn. Die Tische direkt am See können schon rappelvoll sein, wenn der See noch Eis trägt. Dann macht auch schon der Crêpes-Stand auf.

Im Sommer empfehlen wir den hinteren Gartenteil mit Schatten oder einen Besuch am späteren Abend. Statt simpler Leuchten hängen dann viele kleine Maßkrüge von den Lichterketten. Das große Schankzentrum wird den oft starken Andrang schon bewältigen.

PAULANER
Feinste Münchner Braukunst
seit 1634

80802 München-Schwabing, Kleinhesselohe 3
Tel. 3 81 61 30, www.kuffler-gastronomie.de

Wann:
Wochentags 11 - 24 Uhr
Wochenende 10 - 24 Uhr
bei schönem Wetter ganzjährig

MVV:
U 3, U 6 Münchener Freiheit
U 6 Dietlindenstraße
Bus 144 Osterwaldstraße

Rad:
Radwege Englischer Garten;
1 km Chinesischer Turm (34)
1 km Hirschau (38)
3,5 km Aumeister (40)

Parken:
Kleiner P mit Gebühr

Sitzplätze:
2600; durchweg Holzgarnituren

Essen:
Große Auswahl bei unüblichen Preisen; Obatzda zu empfehlen; Crêpes

Kinder:
Schöner Spielplatz im hinteren Gartenteil mit Kletterschiff

Plus:
Auch im Winter offen
Direkt am See

Minus:
Gastronomische Preise

Fazit:
Winterfester Schicki-Micki-Treff in Traumlage

36 Unser Tipp:

Eine Bootsfahrt, die ist lustig
Vor dem Biergartenbesuch ist es sicherer, danach spaßiger: Welche Dame würde nicht dahinschmelzen, wenn sie ein starkes Mannsbild über den See rudert? Vielleicht hinüber zum romantischen Inselchen, dann, wenn die Sonne hinter Schwabings Türmen versinkt und der Mond aufgeht...
Seit mehr als 30 Jahren werden neben dem Seehaus Boote vermietet und Fahrräder gibt es auch zu leihen. Täglich von 9 - 21 Uhr.

Hirschau

Der etwas versteckte Biergarten auf der stark frequentierten Park-Piste vom Chinaturm übers *Seehaus* (36) zum *Aumeister* (40) wartet häufig mit Live-Musik am Tanzboden auf (Wochentags ab 17 Uhr, Wochenende ab 12 Uhr). Bis ein Uhr morgens dürfen wir hier die Krüge stemmen.

So ganz kann die Hirschau ihren Charakter als ehemalige Rollschuhbahn nicht verhehlen. Doch der reichlich altbackene Charme aus den Jahren vor der Renovierung ist durchgestylter Gastronomie gewichen. Das Restaurant mit seinem Golfclubcharme wartet auf das gehobene Nordschwabinger Publikum. Draußen schmeckt uns aber das Hendl gleich noch viel besser. Und die Preise wirken deutlich freundlicher als im *Seehaus* (36).

Leider stehen in diesem Traditionsgarten nur wenige Bäume. Trotzdem: Die Hirschau ist und bleibt ein angenehmer Biergarten.

80805 München-Schwabing, Gyßlingstr. 15,
Tel. 3 22 10 80, www.hirschau-muenchen.de

Wann:
Täglich 11 - max. 1 Uhr

MVV:
U 6 Dietlindenstraße
Bus 44 Osterwaldstraße

Rad:
Radwege Englischer Garten, Hirschau; vom Isar-Radweg über Isarring;
0,5 km Seehaus (36)
2 km Chinesischer Turm (34)
3 km Aumeister (40)

Parken:
Großer P anbei

Sitzplätze:
2000; überwiegend Holzgarnituren

Essen:
Große Auswahl, Steckerlfisch von der Fischer Vroni

Kinder:
Abenteuerspielplatz, „Multifunktionsdschunke"

Plus:
Schöne Lage; preiswerter als die Nachbar-Biergärten

Minus:
Viele Schirme; wenige Bäume im Garten

Fazit:
Familienfreundliche Parkschenke

38 Unser Tipp:

Baden in der Hirschau
Viele Münchner kennen den Englischen Garten nur bis zum Kleinhesseloher See. Dabei ist die Hirschau der viel größere Teil des Parks, am Wochenende weniger überlaufen und mit zwei klassischen Anlaufstationen am Süd- und am Nordrand: dem Biergarten Hirschau und dem *Aumeister* (40). Der Schwabinger Bach und der Oberjägermeister-Bach durchziehen die Auwiesen, die Isar bildet die Grenze – ideal zum Baden! Wem das zu wild ist, der gehe zum Tanztee im Wirtshaus.

Zum Aumeister

Eine fixe Größe und feste Anlaufstation ist der Aumeister für die Besucher des Englischen Gartens und für die Bewohner der Studentenstadt. Seine Lage am Nordrand des Parks macht ihn zum idealen Ausflugsziel. Oft schon im März lockt Frühlingswetter Scharen zur Einkehr am königlichen Aujägermeisterhaus von 1810. Lassen Sie sich nicht abschrecken, wenn sich hier die Fahrradl stauen. Im hinteren, schattigen Teil finden alle genügend Platz.

Überhaupt bietet der Aumeister manches, woran in anderen Biergärten oft nicht zu denken ist. Da gibt es eine Kinderkarte, verschiedene Frischkäse in großen und kleinen Portionen, ein eigenes Weinregal mit passenden Gläsern und richtiges Mineralwasser statt dem traurigen Tafelwasser von anderswo. Wer unter Normalmaß bleiben will, findet auch 0,3 Liter Bier. Für den, der wo des mag.

Auf die Kinder wartet ein großer Abenteuerspielplatz. Im Aumeister wird Saisonbier ausgeschenkt: Im März Starkbier, dann Maibock, Sommerbier und Wiesnbier – Superkraftstoff für die Heimreise. Doch Vorsicht: Wer sich hier hinsetzt, steht so schnell nimmer auf!

HB
MÜNCHEN

80939 München-Schwabing, Sondermeierstraße 1
Tel. 1 89 31 42-0, www.aumeister.de

Wann:
Täglich 10 - 23 Uhr
schon früh im Jahr auf
Im Sommer kein Ruhetag

MVV:
U 6 Freimann (10 Min. zu Fuß)

Rad:
Radwege Englischer Garten;
3 km Hirschau (38)
4 km Seehaus (36)
5 km Chinesischer Turm (34)
9 km Mühlenpark (106)

Parken:
P am Biergarten

Sitzplätze:
3000; durchweg Holzgarnituren

Essen:
Große Auswahl mit allen Biergarten-Klassikern, Kinderkarte

Kinder:
Großer Spielplatz, gut einsehbar, viel Auslauf

Plus:
Lage im Englischen Garten, Saisonbier (Maibock, Sommerbier usw.), kreatives Brotzeitangebot

Fazit:
Klassischer, schöner Ausflugsbiergarten

40 Unser Tipp:

Radlerparadies
Wie geschaffen für Radler sind die Isar, der Englische Garten und die Hirschau. Vom *Flaucher* (88) im Süden Münchens kann man rechts der Isar kreuzungsfrei (!) bis zur Kennedy-Brücke radeln und kommt dann links abbiegend in den Englischen Garten zum *Chinesischen Turm* (34), zum *Seehaus* (36), zur *Hirschau* (38) und zum Aumeister. Wunderschön ist die Fahrt vom Aumeister zurück nach Schwabing bei Vollmond, wenn in der Hirschau schon Nebelschlieren über den Flusswiesen liegen.

Der Weyprechthof

Ein Nachbarschafts-Biergarten mit U-Bahn-Anschluss und, wie es sich in Bayern gehört, gleich neben der Kirche. Wer das Besondere sucht, wird hier wenig finden, wer aber einfach einen gemütlichen Abend verbringen will, der ist in diesem Garten gut aufgehoben. Der Radweg führt direkt vorbei, viel Platz für die Kinder ist vorhanden, nur der Zaun setzt ihnen Grenzen.

Der Weyprechthof sperrt immer auf, wenn's schön ist, auch außerhalb der Hauptsaison. Wer also einen sonnigen Herbstsonntag nicht auf der Wiesn verbringen will, der möge hier vorbeischauen. Wenn die Buden einmal nicht auf haben, kann man sich das Bier drinnen im Wirtshaus holen. Übrigens: Sogar bei unserem Besuch im September perlten Salvator und Hubertusbock in den Krug.

Gar nicht weit ist's von hier zum *Wirtshaus am Hart (206)*.

Himmel der Bayern
Hacker-Pschorr
MÜNCHNER BRAUTRADITION
SEIT 1417

80937 München-Harthof
Max-Liebermann-Straße 6, Ecke Weyprechtstraße
Tel. 3 11 19 50, www.weyprechthof.com

Wann:
Täglich ca. 14 - 23 Uhr

MVV:
U 2 Harthof
Bus 171 Röblingweg

Rad:
Radweg aus Schwabing über Belgrad-/Knorrstraße;
1,2 km Wirtshaus am Hart (206)

Parken:
Kleiner P, sonst im Wohngebiet

Sitzplätze:
800; durchweg Holzgarnituren

Essen:
Reichliches Brotzeit-Angebot, eingelegte Bratmakrele,

Kinder:
Kleiner Spielplatz, gut einsehbar, viel Platz

Plus:
Ruhige Atmosphäre, viel Platz, günstige Preise

Fazit:
Angenehmer Nachbarschafts-Biergarten ohne Besonderheiten

42 Unser Tipp:

Kirche und Wirtshaus...
... gehören zusammen wie Bayern und Bier. In jedem Dorf, das auf sich hält, stehen die beiden einträchtig nebeneinander – trotz der sonntäglichen Rivalität um die Gunst des Volkes. Wirtshaus und Kirche halten Bayerns Leib und Seele zusammen. Hier im Weyprechthof läßt sich das so gut sehen wie in ungezählten Wirtsgärten und Klostergasthöfen auf dem Lande.

Olympia-Alm

Sakrisch steil geht's hinauf zum Olympiaberg, tollkühn wäre es da, unterwegs nicht in der Alm einzukehren – dem höchsten Biergarten Münchens. Schatten gibt's von mächtigen Schirmen, die fast den ganzen Biergarten überragen. Wer würde von einer Alm auch besonderes Biergartenflair erwarten? Deutlich mehr als ein Kiosk mit Bierausschank ist es aber doch geworden, dafür sorgen schon die warmen Speisen vom Grill, die Stammgäste, denen das Wetter wurscht ist und die schöne, ruhige Umgebung. Die riesige Wiese an der Alm mit wunderbarem Blick über München bis ins Gebirg hinein verlockt zum Spielen und Sonnenbaden.

Die Alm öffnet sogar im Winter und lädt zu Silvester- und Faschingsfeiern.

80809 München, Martin-Luther-King-Weg 8
Tel. 3 00 99 14, www.olympiaalm.de

Wann:
Täglich ca. 10 - 22 Uhr

MVV:
U3 Petuelring/Olympiazentrum,
U 2 Scheidplatz

Rad:
Radwege Olympiagelände,
Ackermannstr., Lerchenauerstr.;
2 km Taxisgarten (50),
4 km See-Biergarten Lerchenau (46)

Parken:
P Olympiagelände, alle weit weg

Sitzplätze:
300; durchweg Holzgarnituren

Essen:
Grillstandl, meist frisch zubereitete Speisen, Spare Ribs

Kinder:
Kein Spielplatz, aber große Wiese

Plus:
Stadt- und Alpenpanorama ohne Straßenlärm

Minus:
Kiosk-Atmosphäre

Fazit:
Rastplatz für Gipfelstürmer

44 Unser Tipp:

Berg oder BMW
Bergsteiger kommen auch in München auf ihre Kosten: Die letzten Meter auf die Spitze des Olympiabergs krawottisch angegangen, bietet sich von oben eine herrliche Sicht auf das Olympiagelände und über die Münchner Skyline hinweg bis zu den Alpen: Zugspitze, Wendelstein, Wilder Kaiser, Watzmann, wer zählt die Gipfel? Technofreaks zieht es eher in die BMW-Welt oder das BMW-Museum. Kinder lieben auch die Olympia-Schwimmhalle oder das SeaLife-Aquarium.

See-Biergarten Lerchenau

Den Biergarten am Lerchenauer See hatten wir vor Jahren bereits in der Wertung, dann flog die alte Plattenbau-Tristesse bei einem Wirtewechsel raus und nun ist der Biergarten neu, größer und schöner als je zuvor wiederauferstanden. Diesmal war nicht nur ein Wirt, es war ein Gastronom am Werke: Die Seepromenade und die zweistöckige Panorama-Alm mit ihrer mordsmäßigen Brotzeitstraße machen ordentlich was her! Woher kennen wir bloß die Panorama-Alm? Richtig, vom winterlichen Eiszauber am Stachus. Den betreibt der Wirt nämlich auch und so wechseln hier halt keine Rindviecher den Ort, sondern die ganze Alm.

Der Blick geht über den See auf Olympiaturm und Wohnsilos der 70er Jahre. Das Publikum kommt aus der Nachbarschaft und freut sich, dass das Viertel wieder eine zünftige Anlaufstelle hat. Und wenn die Dämmerung hereinbricht, sieht's aus wie an Deck eines Ozeandampfers. Hoffen wir mal, dass der Biergarten nicht unter dem geplanten Hotelbau auf dem gleichen Grundstück leidet. Prost beinand!

SPATEN MÜNCHEN

80995 München, Lasallestr. 100
Tel. 31 20 55-0, www.able-gastronomie.de

Wann:
Täglich 10 - 23 Uhr

MVV:
Bus 60 Max-Wönner-Straße/
Lerchenauer See

Rad:
4 km Olympia-Alm (44)
4,5 km Taxisgarten (50)

Parken:
P vorhanden und ausreichend an der Straße

Sitzplätze:
800

Essen:
Alle Klassiker plus Steckerlfisch, Wammerl vom Jungschwein, Brotzeitteller Lerchenau, hausgemachte Kuchen;
Mo - Fr preiswertes Mittagsgericht

Kinder:
Großer Sandkasten und Kletterturm

Plus:
Schöne Lage am Seeufer

Minus:
Das Alte wirkt halt noch recht neu; viele Schirme

Fazit:
Gelungene Wiederauferstehung in neuem Gewand

46 Unser Tipp:

Dreimal See, juchhe
Für München Nordwest ist die Dreiseenplatte so etwas wie das Fünfseenland für den Rest: Bade- und Freizeitgelände. In den 30er Jahren wurden die drei Baggerseen ausgehoben: Lerchenauer See, Fasaneriesee und Feldmochinger See. Ganz so groß wie das Pendant im Süden ist die Platte aber nicht – das merkt man auch an heißen Wochenenden. Gut, dass wir noch den Biergarten haben!

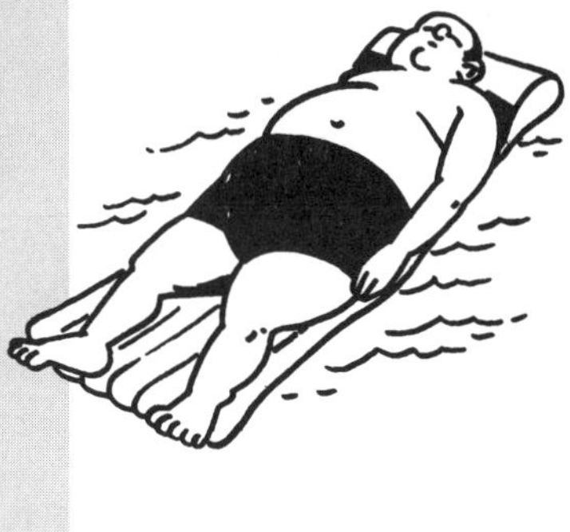

Concordia Park

„Willkommen sind friedvolle Gäste im Biergarten und stimmbegabte Herren für den Chor“ verkündet die Tafel am Eingang. Damit sind wir zutreffend eingestimmt auf dieses Kleingartenidyll des Männergesangvereins Concordia, der schon 1914 die erste Bierbude aufstellte.

Ohne Klimbim kommt der Biergarten aus, hier trifft sich die Nachbarschaft aus Borstei und Neuhausen. Lautstarke PS-Protze können ohnehin nicht vorfahren, so bleiben sie lieber gleich fort und röhren deutlich hörbar über den nahen Mittleren Ring.

Der Wirt betreibt das Grillen professionell mit seiner BBQ-Akademie. Die Grill-Kurse sind für alle, die einen angenehmen Biergarten-Termin mit dem Nützlichen verbinden wollen.

Dienstagabends halb acht können Sie der Chorprobe des Gesangvereins beiwohnen. Als Chormitglied, so erfahren wir, „haben Sie schon fast gewonnen”, wenn Sie einen der umliegenden Schrebergärten ergattern wollen. Wohl bekomm’s!

LÖWENBRÄU

80637 München-Neuhausen, Landshuter Allee 165
Tel. 15 52 41, www.bbq-akademie-muenchen.de

Wann:
Mo - Sa ca. 17 - 22/22.30 Uhr
(sonst Bier drinnen holen)
So ab ca. 12 Uhr
Im Sommer kein Ruhetag

MVV:
Tram 20/21 Olympiapark West

Rad:
Radwege Dachauer Straße,
Landshuter Allee;
500 m Taxisgarten (50)
2,5 km Löwenbräukeller (20)

Parken:
Zufahrt Landshuter Allee nur Richtung Donnersberger Brücke, vor der Aral-Tankstelle rechts; kleiner P

Sitzplätze:
700; fast durchweg Holzgarnituren

Essen:
Großes Grillangebot, auch zum Selbergrillen

Kinder:
Spielplatz, gut einsehbar,
viel Auslauf, keine Autos

Plus:
Schattig, „Geheimtipp"

Fazit:
Versteckter Bier- und Kleingarten

48 Unser Tipp:

Borstei

Einen Tram-Halt vom Biergarten (Halt Baldurstraße) liegt die Borstei, ein städtebauliches Kleinod der 20er Jahre. Was heute unter dem Etikett sozialer Wohnungsbau liefe, legten die Architekten *Borst* und *Bieber* damals als geschlossenes Ensemble an, mit hübschen Innenhöfen, Kastanien-Alleen, Buchenhainen, Laubengängen und Brunnen. Beim Bäcker und Metzger der Borstei gibt's die Biergarten-Brotzeit und nebenan beim „Königlich Bayerischen Lederhosenwahnsinn" nebenan das passende Outfit.

Taxisgarten

In der Wohngegend zwischen Nymphenburger Kanal und den Auffahrtsalleen liegt wohl versteckt der Taxisgarten. Nach dem Ersten Weltkrieg von der Stadt München für Kriegsopfer eingerichtet, ist der Garten hinter der Versehrten-Villa heute Anlaufstelle vieler jüngerer Leute nicht nur aus Neuhausen und Gern – die U-Bahn hält schließlich fast nebenan. Angenehmer läßt sich ein Sommerabend kaum verbringen.

Im Biergarten, unter den alten Bäumen, kann es abends schon mal eng werden. Bittschön, sans ned so gschamig – irgendwo druckt man sich halt noch dazu, die Holzbänke machen's möglich! Neuerdings haben alle Bänke Rückenlehnen – ja wo gibt's denn so was!

Vor der Bude mit dem warmen Essen können sich abends Schlangen bilden. Für kalte Brotzeiten gehe man einfach rechts an der Kasse vorbei zum Fenster.

HB
MÜNCHEN

80637 München-Neuhausen, Taxisstraße 12
Tel. 15 68 27, www.taxisgarten.de

Wann:
Täglich 11 - 23 Uhr
Küche ab 11.30 Uhr

MVV:
U 1 Gern

Rad:
Radwege Dachauerstraße, Landshuter Allee, Waisenhausstraße;
500 m Concordia-Park (48)
2 km Olympia-Alm (44)
3 km Hirschgarten (64)
4 km Fasanerie (52)
4,5 km See-Biergarten Lerchenau (46)

Parken:
Kleiner P im Hof, sonst schwierig im Wohngebiet

Sitzplätze:
1500; großteils Holzgarnituren

Essen:
Große Auswahl auch an Brotzeiten; Obatzda-Trio, Mexikanisches Feuerhuhn

Kinder:
Großer Spielplatz, gut einsehbar

Plus:
Gewachsener, schöner Biergarten

Minus:
Abends oft Warteschlangen beim Essen

Fazit:
Schöne Traditions-Einkehr in altem Garten

50 Unser Tipp:

Für Fans und Väter
Der Taxisgarten liegt nur einen guten Kilometer vom Olympiagelände – was bietet sich also mehr an nach einer Veranstaltung dort?
Noch günstiger liegt der Biergarten zur entbindungsträchtigen Frauen-Klinik vom Roten Kreuz gleich über der Straße. Wie viele Generationen werdender Väter wohl schon Bammel und Baby im Taxisgarten begossen haben?

Fasanerie

Die Fasanerie gehörte einst zum Hof von Schloss Nymphenburg und lieferte durch Jahrhunderte das Wildbret für die kurfürstliche und später königlich-bayerische Jagd und Tafel. Die königliche Abkunft sieht man dem stattlichen Wirtshaus immer noch an.

Heute gibt's im Gasthaus illustre Feste und Gäste. Der Biergarten aber ist fürs normale Volk gedacht. Nur den Gästen der bedienten Terrasse schiebt man noch Plastikstühle unter – zur Strafe müssen die dann auch unter Schirmen darben. Selber schuld.

Die Fasanerie ist ein Biergarten, wie er sein soll: Ausflugsatmosphäre, dazu ein naturtrübes Sommerbier und dann lässt sich's hier am Waldrand einfach gut münchnerisch sein! Doch Vorsicht: An weniger warmen Tagen, selbst wenn es ein Sonnentag im August ist, sperren die Buden nicht immer auf.

Das Signallicht an der Schänke zeigt die letzte Runde an: Wenn es auf Blau steht, wird es höchste Zeit! Sonntags wird's ab 14 Uhr laut, dann spielen phonstarke Bands auf.

Hoffentlich gibt's im August wieder die Urlaubsaktion, z.B. Maß plus Hendl plus kleine Breze zum Spezialpreis.

HB
MÜNCHEN

80997 München-Moosach, Hartmannshofer Straße 20
Tel. 1 49 56 07, www.neue-fasanerie.de

Wann:
Mo - Do 16 - max. 22.30 Uhr
Fr ab 14 Uhr, Sa/So ab 11 Uhr
je nach Wetter und Nachfrage

MVV:
Bus 143/162
Tram 17 Amalienburgstraße

Rad:
Radweg Verdi-, Menzingerstraße
2,5 km Insel-Mühle (56)
3,5 km Hirschgarten (64)

Parken:
Zufahrt von Menzinger Straße über Schragenhofstraße, links durch Unterführung (Schild), P auf dem Grünstreifen

Sitzplätze:
1300; großteils Holzgarnituren

Essen:
Übliche Auswahl, Steckerlfisch, Tagesangebote

Kinder:
Spielplatz, gut einsehbar; kleine Spielwiese

Plus:
Sommerbier, naturtrüb
Ruhige Lage im Wald

Minus:
Viele Schirme, nicht immer offen

Fazit:
Versteckter Waldbiergarten mitten in München

52 Unser Tipp:

Botanischer Garten
Wenn Sie sich für mehr als nur Kastanien interessieren, wie wär's mit einem Besuch im Botanischen Garten? Wunderliche Blüten aus allen Kontinenten treiben hier. Wer sich ins tropische Gewächshaus verirrt, kriegt Sauna pur verabreicht und nimmt schnurstracks Reißaus in Richtung Fasanerie, die uns nach 10 Minuten Fußmarsch mit köstlich kühlem Schatten empfängt. Neben dem Botanischen Garten liegt Schloss Nymphenburg mit seinem großen Park (siehe unser Tipp 64).

Zum Grünen Baum

Ein schmuckes Wirtshaus mit einem angenehmen Biergarten, halb sonnig, halb schattig und an unvermuteter Stelle, kurz vor dem Rondell zur Stuttgarter Autobahn. Sogar OB Christian Ude nebst Gattin sahen wir schon auf der Terrasse sitzen. Eher für die Anwohner ist die Feierabend-Maß gedacht: Ein günstiger Spezialpreis für die Maß zwischen 15 Uhr und 17.30. Cooler ist die Ice-Maß: Bier im gefrosteten Glas für 10 Cent extra.

„Solang's nicht regnet, haben wir offen" sprach die Wirtin und wir hörten es gerne. Das Personal in den Salettln ist engagiert bei der Sach und wenn der Schankkellner die Glocke läutet, wissen die vielen Stammgäste: Jetzt wird ein frisches Augustiner-Vollbier aus dem Holzfass angezapft, nix wie hin zur Schänke! Das gibt es jeden Tag ab 17.30 Uhr.

Nur das Wirtshaus selber trennt den Garten von der lauten Verdistraße, das ist der einzige Wermutstropfen in dieser angenehmen Anlaufstelle.

J. W.
Augustiner-
Bräu München
gegründet 1328

81247 München-Obermenzing, Verdistraße 47
Tel. 8 11 13 03

Wann:
Täglich 15 - 23 Uhr

MVV:
Direkt am S 2 Bahnhof Obermenzing
Bus 143/162 Bhf. Obermenzing

Rad:
2 km Fasanerie (52)
2,5 km Insel-Mühle (56)

Parken:
Kleiner P im Hof, sonst im Wohngebiet

Sitzplätze:
700; durchweg Holzgarnituren

Essen:
Preiswerte Gerichte, z.B. Leberkäs in der Backform mit Kartoffelsalat oder die halbe Portion Spare Ribs

Kinder:
Sehr kleiner Spielplatz, gut einsehbar

Plus:
Günstiges Essen

Minus:
Straßenlärm

Fazit:
Stressfreier, sehr angenehmer Rastplatz

54 Unser Tipp:

Wetten dass...
... 98 von 100 Münchnern den Grünen Baum noch nicht kennen? Natürlich, am Chinaturm war schon jeder mal, aber wie viele versteckte Gartenschönheiten gibt es in München, nur den Nachbarn bekannt? Dazu fällt uns neben dem Grünen Baum der *Concordia-Park* (48) ein, der *Alte Wirt* (90) in Ramersdorf, die *Aubinger Einkehr* (60) und, und, und ...

Insel-Mühle

Eines der schönsten Fleckerln Biergartenerde, von der Würm umspült und von einem prächtigen Blätterdach gekrönt. Am Eingang empfängt uns das große Mühlrad, auf dem die Kinder herumturnen. Wer dann einen Tisch direkt am Ufer ergattert, mag gar nimmer aufstehen.

Ringsum kühlt fließend Wasser das Auge und zur Freude von Kindern und Enten ragt auch eine kleine Bucht in den Biergarten hinein.

Früher gab's hier Löwenbräu, jetzt perlt Augustiner in den Krug.

Neulinge fahren an der Insel-Mühle leicht vorbei, so versteckt liegt sie im Winkel hinter den hohen Bäumen.

J. W.
Augustiner-Bräu München
gegründet 1328

80999 München-Untermenzing, Von-Kahr-Straße 87
Tel. 8 10 10, www.inselmuehle-muenchen.com

Wann:
Mo - Do 12 - max. 23 Uhr
Fr - So ab 11 Uhr

MVV:
S 2 Allach, Bus 160/165
Friedhof Untermenzing

Rad:
Radwege von Pasing entlang der Würm, von Neuhausen an Allacher/Von-Kahr-Straße; 2,5 km Fasanerie (52)

Parken:
P gegenüber Friedhof

Sitzplätze:
800; meist Holztische

Essen:
Übliche Auswahl, zu empfehlen ist der Mühlenburger
Happy Weekend mit Schweinshaxn für 2; ebenfalls am Wochenende: Crepes, Steckerlfisch und Bier vom Holzfaß

Kinder:
Schöner Spielplatz, gut einsehbar; fünf Geldgeräte

Plus:
Lage an der Würm

Minus:
Nicht immer offen

Fazit:
Traumplatz am Wasser

56 Unser Tipp:

Happy Weekend
Auf die Stunden des Biergartenglücks setzt die Insel-Mühle noch einen drauf: Beim Happy Weekend gibt es zum Sonderpreis eine Schweinshaxn für zwei Personen. Eine löbliche Sitte - wo es früher eine Maß und eine Brezn gab, wird es nun heftiger und deftiger.

Schlosswirtschaft Gut Freiham

Einen alten, schattigen Schlossgarten, nicht zu groß, bietet das Hofgut Freiham. Vor ein paar Jahren lag dieses ländliche Idyll innerhalb der Stadtgrenzen nur von Feldern umgeben. Inzwischen begann jedoch das große Neubauvorhaben der Stadt München. Ein ganzer neuer Stadtteil entsteht – und der Biergarten mittendrin, unweit des neuen Autobahnkreuzes. Trotzdem ist es hier ruhig geblieben.

Das Schlossgut Freiham werkelt wie eh und je vor sich hin. Die Beschäftigten des Hofguts haben nach Feierabend schon die Plätze am Stammtisch eingenommen und wir genießen die immer noch wundervoll ruhige und beschauliche Land-Atmosphäre unter uralten Kastanien. Übrigens: Die Station Freiham der S 8 soll nun im Jahr 2013 wieder öffnen – dann hat der Biergarten wie schon vor langen Jahren wieder einen eigenen S-Bahn-Anschluss.

LÖWENBRÄU

81249 München-Freiham, Freihamer Allee
Tel. 89 74 69 91, www.freihamer-wirtshaus.de

Wann:
Täglich 11 - 22 Uhr
(Selbstbedienung)

MVV:
S 8 Harthaus

Rad:
2 km Aubinger Einkehr (60)
3 km Waldheim, Gräfelfing (118)

Parken:
P im Hof

Sitzplätze:
500; durchweg Holztische

Essen:
Normale Auswahl zu günstigen Preisen; am Wochenende Steckerlfisch

Kinder:
Spielplatz vorhanden, gut einsehbar

Plus:
Schattig, alte Bäume
Sonntags manchmal Live-Musik
Bauernhofatmosphäre

Fazit:
Klassischer Landbiergarten zum Hockenbleiben!

58 Unser Tipp:

Königs schaun
Gut versteckt im Park hinterm Biergarten liegt das Schloss derer von Maffei. In die Privatkapelle des Schlossguts kommen an hohen Feiertagen schon mal der Prinz von Bayern und manch anderer hohe Gast, der schon von Haus aus im Blute blau ist. Nach dem Gottesdienst mischen sich die Herrschaften gern mal im Biergarten unters Volk, das darf in Bayern schon sein. Prost beinand!

Zur Aubinger Einkehr

Nicht leicht zu finden ist die Aubinger Einkehr, nicht nur weil sie eigentlich in Neuaubing liegt, noch mehr, weil sich der Biergarten hinter Mauern und Hecken versteckt. Das stört jedoch die Gäste aus Neuaubing nicht, von weiter her kommen eh nicht viele. Ein Nachbarschaftsbiergarten der alten Sorte also, in den man nach der Arbeit geht und hockenbleibt bis zum Abwinken.

Besondere Biergartenpretiosen braucht man hier nicht erwarten, aber ein ruhiger und angenehmer Abend läßt sich in der Einkehr jederzeit verbringen.

Augustiner-Bräu München gegründet 1328

81249 München-Neuaubing, Gößweinsteinplatz 7
Tel. 87 55 81, www.aubinger-einkehr.de

Wann:
Täglich 11 - 22 Uhr
(Schankschluss)

MVV:
S 8 Neuaubing
Bus 267 Hohensteinstraße

Rad:
2 km Schlosswirtschaft
Freiham (58)

Parken:
Vor dem Haus und im
Wohngebiet

Sitzplätze:
1000; teils Garnituren, teils Tische

Essen:
Normales Angebot; diverse kleine warme Beilagen; Rahmschwammerl; manchmal Ribeye-Steak; Mo - Fr Mittagsgericht

Kinder:
Spielplatz, gut einsehbar

Plus:
Ruhig; halb Sonne, halb Schatten; bodenständig; günstiges Bier

Fazit:
Nachbarschafts-Einkehr alter Schule

60 Unser Tipp:

Allee-Wanderung
Vom S-Bahnhof Gräfelfing rechts am Rathaus vorbei die Freihamer Straße hinauf. Durch die Villengegend kommen wir in den Wald, überqueren die Autobahn und befinden uns nun auf der Allee nach Freiham, vorbei an der *Schlosswirtschaft* (58).
Vorne an der Hauptstraße rechts halten und nach dem Ortsschild München die dritte Straße links ab zum Biergarten (4,5 km von Gräfelfing).

Prinzregent Garten

Hochherrschaftlich der Name, das Bier, das Eingangstor und trotzdem ein gemütlicher Biergarten mit gemütlichen Preisen.

Seit der Landsberger Hof der neuen Pasinger Nordumgehung zum Opfer fiel, ist der Prinzregent Garten das einzige echte Biergarten-Gwachs in Pasing.

Im nahen Westbad abgebräunt wie Leberkäs, sucht mancher Sonnengeschädigte die überaus schattigen Tische auf, denn Sonne blinzelt eher selten durchs dichte Kastaniendach. Wenn das Westbad voll ist, dann ist hier schwer ein Parkplatz zu finden, abends wird es aber meist besser. Der Radweg führt direkt vor dem Biergarten vorbei.

An den festgefügten Tischen des Prinzregent Garten lässt sich ein ruhiger und angenehmer Abend verbringen.

Kaltenberg
BIER VON KÖNIGLICHER HOHEIT

81241 München-Pasing
Benedikterstraße 35, Ecke Weinbergerstraße
Tel. 8 20 27 60, www.prinzregentgarten.de/biergarten.htm

Wann:
Täglich 10 - 23 Uhr

MVV:
Tram 19 Westbad
Bus 57 Westbad

Rad:
3 km Lochhamer's (116)

Parken:
Auf der Straße, evtl. am Westbad-Parkplatz

Sitzplätze:
600; meist fest installierte Holztische

Essen:
Übliche Auswahl zu relativ günstigen Preisen

Kinder:
Kleiner Spielplatz, gut einsehbar

Plus:
Sehr schattige Kastanien

Minus:
Direkt an der Straße

Fazit:
Ideal für Hochsommer-Tage

62 Unser Tipp:

Bad und Bier
Gerade an den heißesten Sommertagen bieten erst das nahe *Westbad* (fünf Minuten zu Fuß) und dann der überaus schattige Biergarten die optimale Kühlung von außen und innen. Natürlich geht's auch umgekehrt. Bier plus Hitze kann bekanntlich müde machen und da bieten sich die Liegewiesen und Wasserrutschen im *Westbad* an.

Hirschgarten

Man muss es mal erlebt haben, in einer lauen Sommernacht, von der Parkseite her näherkommend, wenn erst ein fernes Summen in der Luft liegt, das langsam lauter wird, schließlich zum Brausen der Stimmen und Geklingel der Krüge anwächst und dann, ja dann steht man mittendrin in der Brandung mit Schaumkronen, im Meer der 7000 Bier- und Redseligen, im Epizentrum des bajuwarischen Lebensgefühls.

Noch etwas, was man erlebt haben muss: den Schankkellner. „Maßkriagl selber hoin!" wird bayerisch-freundlich jeder angeherrscht, der die Stirn hat, unbewaffnet vor dem Herrn zu erscheinen. Dann aber gibt's ein zünftiges Augustiner aus dem 200-Liter-Holzfaß. Prost Herr Nachbar, Leben satt!

Machen Sie bloß nicht den Fehler, sich hier ohne Treffpunkt zu verabreden, Sie finden sich nie, niemals nicht, da verdurschten Sie eher, so groß ist er, der Hirschgarten, der größte Biergarten Bayerns (vielleicht auch der ganzen Welt, aber das ist uns wurscht).

J. W.
Augustiner-Bräu München
gegründet 1328

80639 München-Neuhausen, Hirschgarten 1
Tel. 17 99 91 19, www.hirschgarten.de

Wann:
Täglich 11.30 - 23.30 Uhr
So ab 11 Uhr
schon früh im Jahr offen

MVV:
S 1 - 6/8 Laim oder Hirschgarten,
Bus 132
Tram 16/17 Steubenplatz

Rad:
Radwege Arnulfstraße,
Fürstenrieder-, Wotanstraße;
2,5 km Taxisgarten (50)
3 km Augustiner-Keller (22)
3 km Laimers (66)

Parken:
P, aber Vorsicht, oft voll!

Sitzplätze:
7000; durchweg Holztische
im Gartenteil; am Gehege feste
Holztische

Essen:
Große Auswahl von Almkäs bis
Zuckerwatte; Fischer-Vroni

Kinder:
Kettenkarussell, Wildgehege,
Wiesen, Spielzeugstand,
im Juli Magdalenenfest

Plus:
Schiere Größe, gute Stimmung,
Krüge selber holen

Fazit:
Trotz Rekordgröße ein
Ur-Münchner Klassiker

64 Unser Tipp:

Nymphenburger Park
Die Sommerresidenz bayerischer Potentaten bietet einen herrlichen Park mit eingelagerten Juwelen: Allen voran die Amalienburg, dazu Badenburg und Magdalenenkapelle, dazwischen Seen und Katarakte, Liegewiesen und verwunschene Ecken. Auf das Hauptschloss kann man dabei getrost verzichten, das heben wir uns für den Winter auf. Vom Marstallmuseum mit seinen Kutschen geht es dann über die Hirschgartenallee zum Biergarten.

Laimers

Ein entspannter und gut versteckter Biergarten in der Wohngegend zwischen Landsberger und Agnes-Bernauer-Straße. Das Wirtshaus kennt man ja noch, doch um den Garten wissen meist nur die Anwohner aus Laim oder vielleicht noch Pasing. Schade, dass die Buden nicht immer offen haben. Der halbe Biergarten besteht ohnehin aus bedienten Tischen.

Von der Großstadthektik hört und spürt man hier nichts. Alte Bäume und das gute Essen in den Buden runden das Bild ab. Einfach angenehm.

Abends kommen viele jüngere Leute, die sonst das angesagte Wirtshaus drinnen frequentieren.

LÖWENBRÄU

80678 München, Agricolastraße 16
Tel. 5 46 64 01, www.laimers.com

Wann:
Täglich 17 - 23 Uhr
ca. 22.30 Ende Ausschank

MVV:
Tram 19 Agnes-Bernauer-Platz

Rad:
3 km Hirschgarten (64)
4 km Rosengarten (74)

Parken:
in der Wohngegend

Sitzplätze:
200

Essen:
Chicken Wings, verschiedene Flammkuchen; Sonn- und Feiertags gibt's Spanferkel

Kinder:
kleiner Spielplatz

Plus:
Angenehme Nachbarschaftsschänke

Minus:
Buden nicht immer offen - dann bleibt nur die Bedienung.

Fazit:
Ideal für einen ruhigen Abend mit anschließender Hollywood-Action

66 Unser Tipp:

Auf ins Rex

Das Neue Rex ist eines der letzten Nachbarschaftskinos in München und im gleichen Gebäude wie das Laimers. In den 50er Jahren eröffnet, hat es bis heute der Konkurrenz der Multiplex-Kinos und Innenstadt-Filmpaläste getrotzt. Die Spätvorstellung bietet sich nach Schankschluss im Biergarten an. Das Programm vom Rex gibt es unter www.neuesrex.de

Hopfengarten

Wie sein Westpark-Bruder, der *Rosengarten* (74), wurde der Hopfengarten zur Gartenbau-Ausstellung 1983 geschaffen. Im Grunde passt alles, die Holztische, die Kastanien samt Maibaum, die Brotzeitstandl, auch gibt's Parkplätze in Mengen.

Trotzdem: das besondere Biergarten-Flair können wir dem Hopfengarten nur zum Teil abgewinnen, zu angestrengt haben die Gartenbau-Strategen das Unplanbare geplant, zu nah auch klotzt die olympische Raumstation Audi-Dome alias Rudi-Sedlmayr-Halle selig. Sieht man darüber hinweg, läßt sich hier vor einer Veranstaltung in der Halle oder nach einer Tour im Westpark (s.Tipp) angenehm Rast machen.

Das Besteck für die Mitbring-Brotzeit können Sie hier für 20 Cent mieten. Donnerstags und sonntags oft Konzerte.

LÖWENBRÄU

81373 München-Westpark, Siegenburger Straße 43
Tel. 7 60 88 46, www.hopfen-garten.de

Wann:
Täglich 10 - 22/23 Uhr

MVV:
Bus 133 Siegenburger Straße

Rad:
Radwege im Westpark und Garmischer Straße;
1,2 km Rosengarten (74)
1,5 km Spektakel (70)

Parken:
großer P an der Rudi-Sedlmayr-Halle, Zufahrt Siegenburger Straße

Sitzplätze:
1900; durchweg Holzgarnituren

Essen:
Gute Auswahl; empfehlenswert sind Schweinshaxn und Obatzda; Steckerlfisch

Kinder:
Spielplatz, viel Auslauf

Plus:
Sommerstockbahn, auch für Skater geeignet

Fazit:
Moderner Biergarten mit Parkanschluss

68 Unser Tipp:

Durch den Westpark
Ost- und Westteil des Parks sind per Brücke über den Mittleren Ring verbunden. Wiesen, Hügel, Wäldchen, zwei Seen und die Überbleibsel der IGA wie die japanische Pagode machen den Westpark zum lohnenden Ausflugsziel, die zwei Biergärten prägen ihn gut münchnerisch.

Spektakel

Boarisch leger! lautet das Motto dieses angenehmen Nachbarschafts-Biergarten reinsten Wassers. Für Auswärtige schwer zu finden, bei Anwohnern aus Mittersendling aber populär – das ist das Spektakel, das Szenegänger von früher noch als Tannengarten kennen. Zum Donnerwetter hätte es auch heißen können, des namengebenden Spektakels wegen: Einer viertelstündigen Gewittershow im Wirtshausinneren (siehe Tipp), die dreimal am Abend steigt und uns draußen die lauen und gewitterfreien Sommerabende um so mehr genießen lässt.

Insgesamt ist das Spektakel ein anständiger und ruhiger Biergarten nahe der alten Sendlinger Kirche – weit und breit der Einzige seiner Art.

Himmel der Bayern
Hacker-Pschorr
MÜNCHNER BRAUTRADITION
SEIT 1417

81373 München-Sendling, Pfeuferstraße 32,
Tel. 76 75 83 59, www.spektakel-muenchen.de

Wann:
SB Mo - Fr 16 - 23 Uhr
Wochenende 14 - 23 Uhr
Schankschluss 22.15 Uhr

MVV:
U 6, S 7 Harras
Bus 53 Sendlinger Kirche

Rad:
Radwege Lindwurmstraße und Richtung Westend
1,5 km Hopfengarten (68)

Parken:
Im Wohngebiet; werktags bis 23 Uhr nur mit Parkschein oder Parkausweis

Sitzplätze:
600; durchweg Holzgarnituren

Essen:
Günstiges Preislimit (auch Spare Ribs oder Chicken Wings)

Kinder:
Kleiner Spielplatz, gut einsehbar

Plus:
Gelassene Atmosphäre inmitten der Stadt

Fazit:
Günstiger und gemütlicher Nachbarschafts-Biergarten

70 Unser Tipp:

Blitzspektakel
Dreimal am Abend erfüllt das Spektakel seinen Namen mit Leben: Jeweils um 18.00, 19.30 und um 21.30 Uhr setzt es die Gewitter-Show, aber nur drinnen im urigen, almrauschmäßig herausgeputztenLokal. Donner, Blitz und Doria – möge es draußen trocken bleiben, weil dann geht no oane!

Münchner Haupt'

Die Münchner Haupt', ein großer, schöner, wohlversteckter Biergarten in Sendling, hat auf Selbstbedienung umgestellt – jedenfalls im Prinzip. Still und leise stellen sich aber wieder Bedienungsversuche ein. Heimlich, das müssen wir zugeben, waren wir auch früher schon gern hier, denn die Brotzeit mitbringen durfte man schon immer.

Der Name stammt von der Königlich Privilegierten Hauptschützengesellschaft, die seit 1893 hier ihren Sitz hat. Deswegen hieß der Biergarten früher Schießstätte. Zufällig findet man diesen Biergarten in einem toten Winkel Sendlings nicht. Angekommen, empfängt uns ein weitläufiges Areal, überragt vom historischen Gasthaus. Ein schattiger und ein sonniger Gartenteil, dazu ein großer, schöner Spielplatz. Sonntags können Sie Zwiefache auf die Bretter legen, wenn es wieder heißt: „Auftanz in der Haupt'".

Wer öfter kommt, den freut die Bierstreifenkarte: 10 Maß zahlen, elf trinken. Dringend benötigtes Zielwasser für's Bleiplattl-Turnier (siehe Tipp). Als Leckerbissen tischt *Gigi Pfundmair*, die singende Wirtin, ihre „Kulinarien" auf – statt Singeltangel also Mund-Art von der studierten Opernsängerin. Für die Sinne ist somit allerhand geboten. Unbedingt vorbeischauen!

Kaltenberg
BIER VON KÖNIGLICHER HOHEIT

Zielstattstraße 6, 81379 München-Sendling
Tel. 78 69 40, www.muenchnerhaupt.de

Wann:
Täglich 11 - 22 Uhr

MVV:
U 3 Aidenbachstraße
S 7 Mittersendling
Bus 53 Zielstattstraße

Rad:
2 km Flaucher (88)
4,5 km Waldwirtschaft (134)

Parken:
Kleiner P im Hof, sonst auf der Straße

Sitzplätze:
2000; durchweg Holz

Essen:
Klassische Auswahl; abends und am Wochenende Steckerlfisch vom Holzkohlengrill

Kinder:
Großer, schöner Spielplatz, gut einsehbar; viel Auslauf

Plus:
Historisches Flair; gewachsener Biergarten; urig-gemütlich

Fazit:
Ein wahrhaft königlich-bayerischer Biergarten

72 Unser Tipp:

Auf geht's zum Bleiplattln
Die alte bayerische Kunst des Bleiplattlns wäre fast vergessen, hätte sie der Wirt nicht reanimiert: Mit bierfilzgroßen, kreisrunden Bleischeiben gilt es ähnlich wie beim Eisstockschießen dem Ziel möglichst nahe zu kommen. Auf der Wiese vorm Haus können Sie sich versuchen. Fürs Erste kann man sich die Scheiben hier ausleihen. Wenn Sie dann Halbprofi im Plattln sind, können Sie an einem der Bleiplattl-Turniere in der Haupt teilnehmen.

Rosengarten

Dornenstengel mit den seltsamsten Namen umgürten diesen Biergarten, der zur Internationalen Gartenbau-Ausstellung 1983 eingerichtet wurde. Das sieht man ihm auch an, a bisserl fehlt die Tradition. Landschaftsarchitektur eben statt behutsames Wachstum über Jahrzehnte. Aber ein schöner, schattiger Biergarten ist dennoch draus geworden. Den ganzen modischen Schnickschnack macht der Rosengarten nicht mit: kein Plastik gibt es da, kein Schirmwald verstellt den Blick auf Laub und weiß-blauen Himmel.

Von der Anhöhe des Biergartens überschauen wir den IGA-Park samt See. Am Wochenende wird dort unten auf den Wiesen kräftig gesportelt. Im Biergarten selbst parlieren Münchner verschiedenster Muttersprache. Und wenn abends auf der Leinwand der nahen Seebühne Sommerkino geboten wird, liegt der Rosengarten zur Einstimmung gerade recht!

Getränke gibt es hier schon ab 9 Uhr morgens und abends sperrt der Biergarten im Hochsommer oft erst um 1 Uhr zu. Täglich 16 Stunden geöffnet – Rekord!

PAULANER
Feinste Münchner Braukunst seit 1634

81377 München-Westpark, Westendstraße 305
Tel. 57 50 53, www.am-rosengarten.de

Wann:
Täglich 9 - 23/24 Uhr, an heißen Tagen auch länger

MVV:
Bus 51/151 Andreas-Vöst-Straße, Tram 18 Stegener Weg

Rad:
Radwege durch Westpark, an Fürstenrieder- und Westendstraße;
1,2 km Hopfengarten (68)
4 km Laimers (66)
3,5 km Hirschgarten (64)

Parken:
großer P an der Westendstraße

Sitzplätze:
1800; durchweg Holzgarnituren

Essen:
Bis 23 Uhr; normale Auswahl
Selbstgemachter Obatzda
Spezialität: Steckerlfisch vom Holzkohlengrill

Kinder:
Großer Abenteuer-Spielplatz nahebei, nicht einsehbar; kleiner Spielplatz am Biergarten

Plus:
Schöner Blick über den Park

Fazit:
Echtes Münchner Gwachs in feiner Botanik

74 Unser Tipp:

Seebühne im Westpark
Vom Biergarten blickt man hinab auf den kleinen See im Westpark.
Am Ufer eine japanische Pagode und die Seebühne, die im Juni und Juli für die sogenannten Blutenburger Konzerte genutzt wird. Die Bayerische Staatsoper gastiert dort oder das Shakespeare-Ensemble. Ein Sommernachtstraum samt Biergarten!
Infos und Karten bei den Vorverkaufsstellen.

Waldheim

Hier sind wir noch innerhalb der Stadtgrenzen und doch hört die Stadt sozusagen direkt vor dem Waldheim auf und der Ausflug beginnt. Das Traditions-Wirtshaus steht schon mitten im Grünen. Die Wirtsleut vom *Forsthaus Kasten* (128) betreiben Gasthaus und Biergarten.

„Das Erlebnis der Sinne" gab sich das Waldheim als offizielles Motto, inzwischen wirbt es mit dem Slogan "die Event-Location". Na Prost Mahlzeit. Davon mal abgesehen ist es ein rundum, angenehmer Biergarten, ganz ohne Schicki-Micki-Gehabe, einfach gradaus halt!

Für einen feuchte Geburtstagsfeier im Sommer bietet sich die Partybox an – Salettl darf man ja nicht mehr sagen.

Himmel der Bayern
Hacker-Pschorr
MÜNCHNER BRAUTRADITION
SEIT 1417

81377 München-Großhadern, Waldheim 1
Tel. 71 60 65, www.waldheim.de

Wann:
Täglich 10.30 - 22.30 Uhr

MVV:
U 6, Bus 266/269
Klinikum Großhadern,

Rad:
Radwege rund um den Waldfriedhof;
1 km Erdinger Weißbiergarten (206)
1 km Schwaige (78)
6 km Forsthaus Kasten (128)

Parken:
Zufahrt über Tischlerstraße,
P am Haus

Sitzplätze:
2400; durchweg Holzgarnituren

Essen:
Große Auswahl von klassisch über exotisch bis öko-vegetarisch; Pastastation

Kinder:
Spielplatz mit antikem Karussell, gut einsehbar

Plus:
Ruhige Lage am Waldrand

Fazit:
Angenehme, ruhige Einkehr

76 Unser Tipp:

Virtueller Biergartenabend

Auch bei Schnürlregen können Sie in den Biergarten: via Internet unter www.waldheim.de. Das Waldheim war einer der ersten Biergärten, die das Medium mit einer eigenen Homepage bereicherten. Manchmal wäre eine Webcam hilfreich, um zu sehen, ob die Buden nach dem Regen wieder geöffnet haben oder ob was los ist. Doch die Antwort auf die Frage aller Fragen wird auch dort nicht zu finden sein: Ob das Wetter heute abend hält?

Einkehr zur Schwaige

Ein Nachbarschaftsbiergarten der moderneren Sorte. Eine ganze Weile hat's ja gedauert, aber inzwischen bieten nun auch die Bäume der Schwaige den rechten Biergarten-Schatten.

Nebenan, im Schloss Fürstenried, wurde *Otto*, der Bruder von König *Ludwig II.*, auf Jahrzehnte festgesetzt, der geistigen Umnachtung wegen – ein Märchenkönig war schließlich genug.

Für Kinder gibt's direkt am Biergarten eine Spielwiese. Im ersten Stock des Hauses wartet ein Spielzimmer.

Ein großer Vorteil der Schwaige: Sie bietet einen extralangen Tisch für Feste aller Art (siehe Tipp). Da die direkten Nachbarn fehlen, kann man hier auch bis Mitternacht sitzenbleiben.

81475 München-Fürstenried
Forst-Kasten-Allee 114, Ecke Tischlerstraße
Tel. 72 44 76 22, www. einkehr-schwaige.de

Wann:
Wochentags 15 - 22 Uhr
Wochenende 11 - 24 Uhr

MVV:
U 3 Fürstenried West;
Bus 166 Tischlerstraße
Bus 56 Bellinzonastraße

Rad:
Radwege um den Waldfriedhof und an der Autobahn Garmisch;
1 km Waldheim (76)
1,2 km Maxhof (80)

Parken:
Eigener P am Biergarten

Sitzplätze:
600; meist Holztische

Essen:
Übliches Angebot, Spare Ribs empfehlenswert

Kinder:
Spielwiese am Biergarten, keine Geräte; Spielplätze 100 m Richtung Schloss, nicht einsehbar

Plus:
Extra langer Tisch für Feste

Minus:
Kein einsehbarer Spielplatz vorhanden

Fazit:
Moderner Biergarten in ruhiger Umgebung

78 Unser Tipp:

Riesenstamm-Tisch
Ideal für die große Gartengesellschaft: Der märchenhafte Tisch, der längste, den wir in einem Biergarten gesehen haben, geschnitten aus einem einzigen Riesenstamm. An die 50 Leute finden hier Platz (wenn's nicht grad alle bajuwarisch gstandne Mannsbilder sind). Fehlt bloß noch das nötige Irxenschmalz, aber das werden die Brotzeiten in Holzhackerdimension schon richten.

Maxhof

Unweit des Forstenrieder Parks, inmitten eines behäbigen Wohngebiets, liegt ganz unvermutet dieser gemütliche Biergarten. Ruhig ist's hier unter den wuchtigen Kastanien, kein Schnickschnack ist nötig, um sich rundum wohl zu fühlen.

Bier- und Brotzeitstandl haben unter der Woche mittags noch zu, dann muss man sich an den bedienten Tischen niederlassen oder sich das Bier im Lokal holen.

Ein kleiner Biergarten eben, nicht großgastronomisch durchrationalisiert, das macht ihn auch so angenehm. Ideal zum Entspannen nach einem arbeitsreichen Tag.

81475 München-Maxhof, Mühlthalerstraße 91
Tel. 75 96 88 70, www.gasthaus-maxhof.de

Wann:
Mo - Fr 16 - 22 Uhr
Sa/So ab 12 Uhr

MVV:
U 3 Fürstenried West,
Bus 56/134/166/260/261/267/936
Fürstenried West

Rad:
Radwege entlang der Autobahn Garmisch, Graubündner- und Neuriederstraße;
1,2 km Schwaige (78)

Parken:
Im Wohngebiet; Tiefgarage

Sitzplätze:
250; meist fest installierte Holztische

Essen:
Normale Auswahl; große, preiswerte Portionen; gute Hendl; Spare Ribs mit hausgemachter Sauce

Kinder:
Spielplatz, gut einsehbar
Trampolin

Plus:
Alte Bäume, ruhige Atmosphäre, preiswertes Essen

Fazit:
Kleine, stressfreie Einkehr

80 Unser Tipp:

Radeln im Forstenrieder Park

Nach der Stärkung im Maxhof liegt vor uns der Forstenrieder Park mit einer Fülle von Rad- und Fußwegen im Wald und Biergärten rundherum. Der nächste liegt sogar mitten drin: *Forsthaus Kasten* (128). Weiter ist es nach *Leutstetten* (130) oder unter der Autobahn hindurch nach *Buchenhain* (132). Fahren Sie die Maxhofstraße bis zum Waldrand. Dort am Forsthaus zeigt Ihnen die Übersichtstafel den Weg.

Hinterbrühl

Ein klassischer Ausflugsbiergarten mit alten Kastanien, günstigen Preisen und einem rauschenden Bächlein am Eingang. Hier regierte einst *Heinz Wildmoser*, der König der Löwen. Die Holzhütten am Wirtshaus erinnern an *Ludwig Thomas* Zeiten.

Der Biergarten hat mehr den Charakter einer Terrasse als den eines weitläufigen Areals. Das verbessert die Aussicht auf den Isarkanal, denn nachmittags johlen die Floßfahrer auf dem nahen Isarkanal vorüber, das Ziel ihrer Fahrt schon fast vor Augen.

Wer sich in Hinterbrühl gehörig gestärkt hat bei einer Maß Hacker-Pschorr, der kann den steilen Weg hinauf zur *Waldwirtschaft* (134) antreten, direkt vor dem Eingang geht's los.

Himmel der Bayern
Hacker-Pschorr
MÜNCHNER BRAUTRADITION
SEIT 1417

81479 München-Thalkirchen, Hinterbrühl 2
Tel. 79 44 94, www.gasth-hinterbruehl.de

Wann:
Täglich 11 - ca. 21 Uhr (Schankschluss)

MVV:
U 3 Thalkirchen, dann Bus 135 Thalkirchen (Campingplatz)

Rad:
Radweg von der Isar über die Marienklausenbrücke;
3 km Flaucher (88)
3 km Waldwirtschaft (134)

Parken:
kleiner P beim Biergarten Hinterbrühler Weg und auf der Straße davor

Sitzplätze:
1000; durchweg Holztische mit Rückenlehne

Essen:
übliche Auswahl; sehr günstige Preise

Kinder:
Spielplatz, etwas abseits, von der unteren Terrasse gut einsehbar; Trampolin

Plus:
Ruhige Lage im Grünen, schöner Blick

Minus:
Buden oft geschlossen
Teilweise Terrassencharakter

Fazit:
Bestlage für Wanderer und Isarflößer; zu oft geschlossen

82 Unser Tipp:

Ab ins Eiswasser
Auf dem Isarkanal, direkt vor dem Biergarten, setzen die Floßfahrer von Wolfratshausen zum Endspurt an: Ein paar Meter noch und die feuchtfröhliche Fahrt ist zu Ende. Die Flöße werden zerlegt, die Stämme verladen. Noch ein paar Meter weiter zieht der Kanal durchs Sommerbad *Maria Einsiedel*: Ein Urvergnügen, erst ins Eiswasser des Kanals und anschließend ins bacherlwarme Schwimmbecken zu hupfen!

Gutshof Menterschwaige

Einer der schönsten Fuß- und Radlwege Münchens führt von der Großhesseloher Brücke hoch über der Isar zum alten Grünwalder Stadion. Plötzlich tut sich unterm Blätterdach ein weiter Platz auf – das Urbild eines Ausflugsbiergartens. Und weil der Durscht nach dem Radln wie immer groß ist, und weil die schattigen Holztische gar so locken, schluckt man auch die Preise auf Hochuferniveau. Offenbar kein Problem für die geldigen Anwohner...

Die Wirtschaft besteht schon seit 1803. Wer hier einkehrt, kann verstehen, warum König *Ludwig I.* seine fesche *Lola Montez* gerade hier einquartierte und zum Schäferstündchen aufsuchte. Ob Teufelsweib oder nicht: Ein Prachtplatzerl eben!

81545 München-Harlaching, Menterschwaigstraße 4
Tel. 64 07 32, www.menterschwaige.de

Wann:
Täglich 12 - max. 22.30 Uhr

MVV:
Tram 15/25 Menterschwaige

Rad:
Radweg vom Grünwalder Stadion am Isar-Hochufer;
4 km Flaucher (88)
2 km Waldwirtschaft (134)
über Großhesseloher Brücke

Parken:
Kleiner P, sonst in Wohnstraßen

Sitzplätze:
1850; durchweg Holz

Essen:
Gute Auswahl, gehobene Qualität: Salate; Chicken Wings; Steckerlfisch vom Holzkohlengrill

Kinder:
Großer, schöner Spielplatz, gut einsehbar; Kinderbastelstube

Plus:
Sehr schattig, schöne Lage über der Isar

Minus:
Hochufer-Preise

Fazit:
Echter Klassiker hoch über der Isar

84 Unser Tipp:

Bavaria-Filmstadt
Steigen Sie ein, und schnaufen Sie mit dem Bähnlein 90 Minuten übers Bavaria-Filmgelände. Unterwegs gibt's jede Menge Original-Filmrequisiten:
Wagen Sie einen Ritt auf dem Drachen Fuchur, oder besuchen Sie Asterix und Obelix im Gallischen Dorf. Gehen Sie ins 4D-Erlebniskino und ins Bullyversum.
Tram 25 (vom Halt Menterschwaige drei Stationen) bis Bavaria-Filmplatz. Führungen 9 - 16.30 Uhr.

Harlachinger Einkehr

Das klassische Gasthaus mit „Biergerechtsame“, direkt am Scheitelpunkt des Harlachinger Bergs, liegt fast in Rufweite des Hellabrunner Elefantenhauses, wenn nicht im Sommer ein dichter grüner Vorhang zuginge. Sobald die ersten Frühlingssonnenstrahlen durchspitzen, öffnet der Biergarten für die zahlreichen Spaziergänger am Isar-Hochufer.

Die wuchtigen Bäume von früher mussten der Sanierung weichen, jetzt mühen sich halbstarke Exemplare, Schatten herzubringen. Die großen Bäume gibt es am Rand des Biergartens zum Hochufer hin. Die breiten Biergartengarnituren freuen uns. Mit 80 cm Breite lassen sie besonders zum Brotzeitmachen viel mehr Platz als die sonst üblichen schmalen Tische mit ihren 50 cm. Ebenso freut uns die tägliche Happy-Maß von 16 - 18 Uhr und nach 22 Uhr.

Zusperren muss der Biergarten erst um 4 Uhr früh. Der Wirt handhabt das aber ganz entspannt: Offen ist draußen eben solange, wie genügend Gäste da sind. Ein paar mal im Sommer gibt es Live-Musik von der Biergartenbühne.

LÖWENBRÄU

81545 München-Harlaching, Karolinger-Allee 34
Tel. 64 20 90 93, www.harlachinger-einkehr.de

Wann:
SB Mo - Fr 16 Uhr bis Ultimo
Sa/So ab 14 Uhr

MVV:
Tram 15/25 Tiroler Platz

Rad:
2 km Menterschwaige (84)
2,5 km Flaucher (88)

Parken:
Kleiner P vorm Haus

Sitzplätze:
700; durchweg Holzgarnituren

Essen:
Frisch zubereitete Spare Ribs und Holtfällersteaks auf Bestellung
Diverse Würste und Käsesorten; Steckerlfisch

Kinder:
Kleiner Spielplatz, gut einsehbar

Plus:
Lage am Isar-Hochufer; Traditionsbiergarten; breite Tische

Minus:
Kleine Bäume, viele Schirme

Fazit:
Sonniger Klassiker in Ausflugslage

86 Unser Tipp:

Hier spukt's
Vom Biergarten nur über die Straße, direkt am Hochufer der Isar, versteckt sich das Annakircherl hinter dichtem Laub. Außen klein und unscheinbar, empfängt uns drinnen ein herrlicher Rokokoraum. Nachts soll es hier spuken, wenn die von einem Adeligen verlassene Geliebte, die sich aus Gram in der Isar ertränkte, als blaues Lichtlein um die Kirche wabert und biergartenselige Spätheimkehrer erschrickt. An der Stelle des Denkmals neben der Kirche stand früher ein kleines Schloss.

Zum Flaucher

Der Flaucher, eine Insel in der Isar, bietet nicht nur Kiesbänke für Grillfeste und Nacktbader. Er birgt auch einen schönen Biergarten, seit Johann Flaucher 1873 die alte Jagdhütte der Wittelsbacher übernahm.

Angenehm fällt auf, dass die Holzbänke nicht so quälend eng Hintern an Hintern stehen wie im Augustiner- oder Hofbräukeller. Dafür haben sie jetzt alle eine Rückenlehne. Im Gartenteil hinterm Wirtshaus steht bei Großereignissen oft die Großleinwand.

Der Biergarten wurde 2011 renoviert. Das Bier kommt nun nicht mehr aus der Essensbude, sondern direkt aus dem Wirtshausfenster.

Wie eh und je gibt es viel Platz für Kinder und gleich nebenan eine große Sportwiese, falls Sie sich den gehörigen Durscht noch erstrampeln wollen. Der kommt aber auch von alleine, etwa beim nicht unbeträchtlichen Anmarsch vom Parkplatz. Viel besser aber läßt sich der Flaucher mit einer Radltour entlang der Isar verbinden. Und im Winter bietet das Flaucherstüberl Einkehr gegen Wind und Wetter.

LÖWENBRÄU

81379 München-Thalkirchen, Isarauen 8
Tel. 7 23 26 77, www.zum-flaucher.de

Wann:
Täglich 11 - 22.30 Uhr (Schankschluss)
z.T. schon früh im Jahr offen

MVV:
U 3 Brudermühlstraße oder Thalkirchen, Bus 54 Schäftlarnstraße

Rad:
Ideal an den Isar-Radwegen:
3 km Hinterbrühl (82)
4 km Menterschwaige (84)
4 km Muffatwerk (30)
5 km Englischer Garten

Parken:
Meist ausreichend Platz an der Hans-Preißinger-Straße

Sitzplätze:
1600; überwiegend Holztische, alle Bänke mit Lehne

Essen:
Übliche Auswahl, z.B. Krustenbraten oder Schnitzel

Kinder:
Schöner Spielplatz, gut einsehbar. Viel Platz zum Toben, keine Autos

Plus:
Sehr ruhig, viel Platz, bis spät geöffnet

Fazit:
Perfekt für einen ganzen, langen Sommertag!

88 Unser Tipp:

Sportsachen mitnehmen!
Volley-, Völker-, Federballer, dazu Frisbee-Spieler, Freizeit-Kicker, hier auf der großen Sportwiese in Sichtweite der Maßkrug-Stemmer findet jeder etwas. Wetten, dass man Sie gerne mitmachen lässt?
Abkühlung für die Sportler bieten die nahegelegene Isar oder das Sommerbad *Maria Einsiedel*. Und zum Tierpark Hellabrunn ist's auch nur ein Katzensprung!

Alter Wirt Ramersdorf

Wenige Meter nur vom Ende der Salzburger Autobahn empfängt uns dieser überaus schattige Biergarten. Mal ehrlich, welcher Biergartenfan, wenn's denn kein Ramersdorfer ist, kennt den Alten Wirt?

Fast noch dörflich wirkt die Umgebung mit der Wallfahrtskirche (siehe Tipp) und dem stattlichen Wirtshaus, schon seit 300 Jahren als „Pierzäpflerei" in Ramersdorfer Diensten.

Am Brotzeitstand unter dem dichten Blätterdach bestellt man sein Fleisch. Das Essen wird dann erst auf dem Holzkohlengrill zubereitet. Die Preise für Spare Ribs und die Ente sind überaus günstig. Kinder bekommen das erste Getränk umsonst.

Ein ganz und gar angenehmer Biergarten, gerade recht als Ausklang nach einem Ausflug in die Berge.

LÖWENBRÄU

81669 München-Ramersdorf, Aribonenstraße 8
Tel. 6 89 18 62, www.alterwirt-muenchen.de

Wann:
Mo - Sa 16 - 23 Uhr
So ab 14 Uhr

MVV:
U 2 Karl-Preis-Platz
Bus 55/155 Ramersdorf

Rad:
3 km Hofbräukeller (32)
2,5 km Michaeli-Garten (92)
3 km Paulaner am Nockherberg (28)

Parken:
P vorm Haus und und auf der Straße

Sitzplätze:
400; im SB-Bereich durchweg Holzgarnituren

Essen:
Frisch zubereitetes Fleisch

Kinder:
Spielplatz mit Schaukel und Trampolin, gut einsehbar

Plus:
Uriger und günstiger Nachbarschaftsbiergarten, erstes Kindergetränk gratis

Fazit:
Ziemlich unbekannte Dorf-Schönheit

90 Unser Tipp:

Wallfahrt in München
Es muß ja nicht immer Andechs sein, will man den Herrgott um den Erhalt von Hopfen und Malz bitten: Gleich neben dem Alten Wirt steht die Kirche *Maria Ramersdorf*, bis heute das Ziel von Marienwallfahrten. Die jetzige Kirche stammt aus dem 15. Jahrhundert, doch wurde der Vorgängerbau schon im Jahr 1006 erwähnt und ist damit neben Altötting das älteste Wallfahrtsziel Bayerns.

Michaeli-Garten

„Wo viel Licht, ist wenig Schatten" schrieben wir in der ersten Auflage über den Michaeligarten. Inzwischen haben die Kastanien aber mächtig zugelegt und bilden schon ein richtiges Dach. Ein rundum angenehmer Biergarten ist daraus geworden.

Sonniger ist es direkt am Ufer des Ostpark-Sees mit seinen Wasserfontänen. Wer die Verbotsschilder übersieht, kann gleich baden gehen. Wer sie trotzdem sieht, muss ins nahe *Michaelibad* ausweichen.

Vor allem am Wochenende geht es hier geruhsam zu, niemand ist in Eile. Hier stören auch keine miesepetrigen Nachbarn die bayerische Biergartenruhe und so darf man hier an warmen Abenden lange hockenbleiben, auch wenn die Schänke schon zu hat.

Für Geburtstagsfeiern bietet sich der Riesentisch mit 50 Plätzen an. Noch was: Manchmal findet man den Michaeligarten schon an warmen Februar-Wochenenden geöffnet. Und im September trösten die Wirtsleut ABC-Schützen am ersten Schultag: Sie bekommen Essen und ein Getränk kostenlos – sei's im Biergarten oder im Restaurant.

LÖWENBRÄU

81735 München-Neuperlach, Feichtstraße 10 (im Ostpark)
Tel. 43 55 24 16, www.michaeligarten.de

Wann:
Täglich 10 - 23 Uhr
Schankschluss ca. 22 Uhr

MVV:
U 5 Michaelibad, Bus 195/199

Rad:
Viele Radwege von Haidausen/Giesing über Heinrich-Wieland-Straße;
2,5 km Alter Wirt (90)
5 km Leiberheim (96)

Parken:
P an der Feichtstraße,
bei Badewetter oft voll

Sitzplätze:
2600;

Essen:
Sehr große Auswahl; wechselnde Tagesgerichte

Kinder:
Großer schöner Spielplatz, kleines Karussell zum Selberdrehen, gut einsehbar

Plus:
Ruhige Lage am See, im Park

Fazit:
Großer Ausflugsbiergarten mit Wasseranschluss

92 Unser Tipp:

Sonne, Wasser, Biergarten

Am Wochenende sind Park und das städtische Michaelibad oft ebenso überfüllt wie die Parkplätze, drum empfehlen wir zum Wasser- oder Sonnenbad die frühen Abende unter der Woche, wenn Bad und Park deutlich weniger voll sind. Egal, ob man im Becken plantscht oder auf den Liegewiesen röstet, Durscht und Hunger stellen sich garantiert ein. Der Biergarten um die Ecke bietet für jeden Geschmack etwas!

Franziskaner-Garten

Ein Klassiker im Münchner Osten, groß und wunderbar schattig. Wirtshaus und Garten geben ein schmuckes Paar ab.

Die Brotzeitstraße ist mit ihrer riesigen Auswahl eine Schau. Und wie wär's mit Eisheiligen im Hochsommer? Jawohl, gleich minus 6 Grad kalt, aber nur der vorgefrostete Bierkrug aus der Kühlzelle, den es für extra heiße Tage auf Wunsch gibt und das gratis. Zuweilen steigen hier Live-Konzerte und ein Sommernachtsfest (siehe Tipp).

Der Franziskaner-Garten war übrigens Ausgangspunkt unserer eigenen Biergartenrevolution 1995: Als der damalige Wirt fast völlig auf Plastiktische umgestellt hatte, waren wir stocksauer und beschlossen, dagegen anzukämpfen. Heute mag man sich kaum vorstellen, wie es hier einmal aussah. Inzwischen ist natürlich alles wieder gut, der Biergarten ist ein Schmuckstück.

SPATEN MÜNCHEN

81827 München, Friedenspromenade 45
Tel. 4 30 09 96, www.franziskanergarten.de

Wann:
Täglich 10 - 23 Uhr

MVV:
S 4, U 2 Trudering
Bus 192/195 Vogesenstraße

Rad:
5 km Gut Keferloh (100)
3,5 km Michaeli-Garten (92)
4,5 km Leiberheim (96)

Parken:
P am Biergarten

Sitzplätze:
2300; durchweg Holz

Essen:
Legendär große Auswahl zu eher kleinen Preisen; Steckerlfisch aus vier verschiedenen Fischarten; Ochsenkoteletts; Mittagsangebot;

Kinder:
Spielplatz gut einsehbar

Plus:
Schöner, großer Garten

Fazit:
Der Klassiker im Münchner Osten

94 Unser Tipp:

Ochs am Spieß
Zweimal im Sommer, am Vatertag und zum Sommernachtsfest Ende Juli, dreht sich im Franziskanergarten ein ganzer Ochs am Spieß – ein starkes Schauspiel, erst dem Riesenviech beim Rotieren zuzuschauen und dann, wie der ganze Fleischberg in die Rachen hungriger Gäste wandert. Dazu natürlich Live Musik und jede Menge Stimmung. Muss nur noch das Wetter mitmachen. Nähere Infos und der genaue Rösttermin auf der Webseite des Franziskanergartens.

Leiberheim

Viele Jahre lag das Leiberheim im Dornröschenschlaf. Doch seit die Wirtsleut *Thomas* und *Katrin König* das Leiberheim übernommen haben ist aus dem altbackenen Biergarten ein wahres Schmuckstück geworden. Das gefällt den Großen, aber auch die Kleinen dürfen sich freuen über den großen Abenteuerspielplatz. Frisch und blitzsauber ist alles, nur das süffige Erhartinger schmeckt wie eh und je. Ein Besuch lohnt also in jedem Fall, vielleicht auch zu einem der Sommer- und Familienfeste. Infos über Veranstaltungen siehe Homepage und Aushänge im Biergarten.

Übrigens: Benannt ist das Leiberheim nach dem bayerischen Leibregiment des ersten Weltkriegs. Eduard Ordnung, einer der Leiber, war der Gründer dieses Biergartens.

Am ersten Schultag ist im Restaurant für die ABC-Schützen ein Essen frei und es gibt was in die Schultüte. Vom Papa seinem Bier dürft's ihr auch mal probiern. Wir haben's euch erlaubt.

BRAUEREI ERHARTING
ERHARTING

81739 München-Waldperlach, Nixenweg 9
Tel. 4 30 00 00, www.leiberheim.de

Wann:
offen „ab 18 Grad Celsius"
Mo - Sa 15 - 22 Uhr
So und Feiertag ab 11 Uhr
April, Oktober: Mo - Sa ab 14 Uhr,
So und Feiertags ab 10 Uhr

MVV:
S 1 Neubiberg
Bus 55 Waldperlach

Rad:
5,5 km Gut Keferloh (100)
4,5 km Franziskanergarten (94)
5 km Michaeli-Garten (92)

Parken:
Großer P am Haus

Sitzplätze:
2500; fast durchweg Holz

Essen:
Gute Auswahl in den großen Brotzeithütten; Salatbar; Steckerlfisch; Spanferkel fast jeden Abend ab 18.30

Kinder:
Großer Abenteuer-Spielplatz, gut einsehbar

Plus:
Ruhige Lage, bodenständiges Publikum, großer Spielplatz

Fazit:
Schöner und großer Traditionsgarten, frisch aufpoliert

96 Unser Tipp:

Tarzan & Schopenhauer
Kinder machen hier gern auf Schopenhauer und zwar im Schopenhauer-Wäldchen von Neubiberg, etwa einen Kilometer vom Biergarten. Einen großen Abenteuerspielplatz samt Tarzanbahn gibt es sowie einen Naturlehrpfad. Danach schmeckt die Brotzeit im Biergarten den Kleinen garantiert noch besser – und den Großen doch wohl auch?

Rothmeyer's Zur Einkehr

Entspannte Dorfatmosphäre im Weiler Solalinden vor den Toren Münchens. Hier treffen sich die Bodenständigen des Speckgürtels – wenn sie den Weg nach Solalinden finden, was nicht jedem vergönnt ist.

Die Einkehr ist halb Biergarten, halb Wirtsgarten – die Trennungslinie ist an den Schirmen und Kastanien leicht abzulesen. Wir setzen uns an die Biertische in den natürlichen Schatten der Kastanien. Wer sich lieber bedienen lassen will, muss zur Strafe unter den Schirmen schwitzen. Zwar ist die Küche des Gasthauses vielgerühmt, doch das bleibt uns immer noch für den Winter. Die Essensbude liefert vornehmlich kalte Brotzeiten. Man kann jedoch auch im Wirtshaus bestellen und kriegt dann an den Biertisch geliefert. Der Blick über die Felder und Wiesen ist leider von Parkplatz beeinträchtigt.

Einen Tanzboden hat die Einkehr auch. Das stört die Bäume nicht, deren Wurzeln die Bretter schon erkennbar angehoben haben. Ansonsten ist die Einkehr ideale Raststation am Radweg vom *Leiberheim* (96) zum *Gut Keferloh* (100).

HERZOGLICH BAYERISCHES BRAUHAUS TEGERNSEE

85460 Putzbrunn, Keferloher Marktstraße 30
Tel. 32 70 84 50, www.zur-einkehr-solalinden.de

Wann:
Di - So 11 - 23 Uhr
Montag Ruhetag

Rad:
Direkt am Radweg
1 km Kreitmair (100)
3,5 km Leiberheim (96)

Parken:
P direkt am Biergarten

Sitzplätze:
280; durchweg Holzgarnituren

Essen:
Im SB-Teil meist kalte Brotzeiten, ansonsten drinnen bestellen

Kinder:
Kleiner Spielplatz direkt im Biergarten

Plus:
Ländliches Flair

Minus:
Zugeparkte Aussicht

Fazit:
Fast vergessenes Idyll im Südosten Münchens

98 Unser Tipp:

Im Bermuda-Dreieck

Das Leiberheim (96), der Franziskanergarten (94) und das Gut Keferloh (100) bilden das Bermuda-Dreieck von München Ost. Da bietet sich eineRundtour mit dem Fahrrad an. Rothmeyers Einkehr in Solalinden sitzt mittendrin wie die Spinne im Netz. Also dann ein vierfaches Prosit!

Gut Keferloh

Ein Bild von einem Wirtshaus, außen wie innen: Der Traditionsbiergarten in Keferloh steht an der Stelle, an der lange Jahre Oberbayerns wichtigster Viehmarkt stattfand. Aber nicht nur Viehhändler haben notorisch Durscht, und so darf es sich hier ein jeder beim Gut Keferloh bayerisch gutgehen lassen.

Unter die gleichen Kastanien, die schon Generationen von Münchnern beschattet haben, führt heute sogar die bayerische Regierung ihre Staatsgäste aus. Zwei oder vier Maß wirken selbst in der Politik Wunder!

An den gedeckten Tischen nehmen die besseren Herrschaften Platz. Wir dagegen schwärmen unter die Kastanien aus und genießen den wunderbaren Garten.

Früher war dies das Reich von Wiesnwirt *Willi Kreitmair*. Ende August steigt der berühmte Keferloher Montag – ein Fest, das sich über vier Tage zieht.

Sonntags gibt es öfter Live-Musik. Und an jedem ersten Sonntag im Monat findet hier der Keferloher Antikmarkt statt (www.antikmarkt-keferloh.de).

PAULANER

Feinste Münchner Braukunst seit 1634

85630 Grasbrunn, Keferloh Nr. 2
Tel. 46 92 48, www.gut-keferloh.de

Wann:
Mo - Fr 13 - 23 Uhr
Sa/So ab 11Uhr

MVV:
S 4 Haar, Bus 241 (an der B 471)

Rad:
5 km Franziskanergarten (94)
5,5 km Leiberheim (96)
8,5 km Michaeli-Garten (92)

Parken:
Großer P am Haus,
sonst in der Wiese

Sitzplätze:
1200; meist Holzgarnituren

Essen:
Reichhaltiges Angebot;
Steckerlfisch, Grill, kaltes Buffet,
Pizzastand

Kinder:
Rutsche, Schaukel, Wackeltiere
auf Federn sowie Bezahlgeräte

Plus:
Schattige Kastanien, schönes Wirtshaus

Fazit:
Klassische Einkehr von Familien
über Fun-Fans bis zu Bikern.

100 Unser Tipp:

Ein Blick in den Keferloher

Der Keferloher Tonkrug war zunächst billiger Ersatz für die vielen Glaskrüge, die bei Raufereien am Keferloher Markt zu Bruch gingen. Heute schätzen Bierkenner weltweit seine Vorzüge: Der Ton hält das Bier angenehm kühl und, wie ein tiefer Blick in den Keferloher verrät, die mit einem Spezialverfahren angerauhte Innenwand des Krugs bindet die Kohlensäure, das Bier bleibt länger kühl und süffig.

Heimstettener See

Der kleine Badesee mit angeschlossenem Biergarten liegt näher an Feldkirchen als an Heimstetten und unweit des Münchner Autobahnrings. Für die Umgebung ist der Biergarten wirklich gut geraten, mit einem richtigen Kastaniendach und fest installierten Holzbänken. Diese Vorzüge bieten nicht viele der Biergärten, die hauptsächlich für Sonnen- und Wasserbader eingerichtet sind.

Offenbar haben aber Badegäste ein notorisch weitgefasstes Verständnis von Mein und Dein, versucht doch auch hier der Wirt mittels Pfand der drohenden Maß-Nahme abzuhelfen.

85609 Aschheim, Seestraße 40
Tel. 9 03 16 97, www.heimstettenersee.de

Wann:
Täglich 9 Uhr bis open end (bei schönem Wetter)

MVV:
S 2 Feldkirchen, dann ca. 15 Min. zu Fuß

Rad:
Rad/Fußweg um den ganzen See; 8,5 km Gut Keferloh (100)

Parken:
Großer P, Gebühr 2,-
Motorräder 1,50,-

Sitzplätze:
500; meist fest installierte Holztische

Essen:
Gute Auswahl; Steak, Steckerlfisch oder wie wär's mal mit Kaiserschmarrn?

Kinder:
Badegelände, Spielplatz 50 m weiter, Tischtennis

Plus:
Liegewiese, See, sehr schattig

Minus:
Pfand auf Krüge und Teller

Fazit:
Erholung vom Sonnenbaden

102 Unser Tipp:

Nass & Maß
Ein gefälliges Badegelände ist hier entstanden: Die Wiesen fallen zum See hin ab und ermöglichen so die Auswahl des idealen Anstellwinkels zur Sonne – wichtig für den optimalen Bräunungskoeffizienten. Aber auch eine schattige Siesta ist überall am See möglich, Bäume stehen nicht nur im Biergarten. Gerade das richtige also für einen faulen Nachmittag.

Zur Mühle Ismaning

Eine Traditionswirtschaft am rauschenden Mühlbach und direkt an Ismanings Piazza mit dem imposanten Maibaum des Ismaninger Burschenvereins.

Seit 1894 wird die Mühle von der Wirtsfamilie Seidl geführt, inzwischen in vierter Generation. Das Wirtshaus mit dem typischen Schopfwalmdach steht seit 1840.

Stellen Sie sich einen typischen Wirtsgarten vor, mit hundertjährigen Kastanien, mitten im Ort und mit Bedienung an gedeckten Tischen, der im Zuge der Modernisierung zum „Vollbiergarten" ausgebaut wurde. Die Lage am neu gestylten Kirchplatz von Ismaning verheißt durchaus italienisches Ambiente – wenn der Platz belebt ist, was freilich nicht immer der Fall ist.

Himmel der Bayern
Hacker-Pschorr
MÜNCHNER BRAUTRADITION
SEIT 1417

85737 Ismaning, Kirchplatz 5
Tel. 96 09 30, www.hotel-muehle.de

Wann:
Täglich 11 - 23 Uhr

MVV:
S 8, Bus 228/230/231/531

Rad:
1 km vom Isar-Radweg

Parken:
Ausreichend ringsum

Sitzplätze:
600; durchweg Holzgarnituren

Essen:
Resche Haxn,
ausgezeichneter Obatzda;
günstige Preise

Kinder:
Kein Spielplatz, aber der
Park liegt nebenan

Plus:
Ruhige Lage am Mühlbach

Minus:
Kein Spielplatz im Biergarten

Fazit:
Alt ist das Wirtshaus – modern
die Schänke

104 Unser Tipp:

Pavillon im Park
Vom Biergarten über die Hauptstraße liegt im Park das Ismaninger Schloss, im 18. Jahrhundert ein Brennpunkt des Geisteslebens. Besonderes Kleinod: der Pavillon, ein Frühwerk von *François Cuvilliés*, dem späteren kurbayerischen Hofbaumeister.
Bestechend ist die Ähnlichkeit des Pavillons mit *Cuvilliés*' Meisterleistung, der Amalienburg im Park von Nymphenburg.
Näheres zum Ismaninger Schloss erfahren Sie in der Bücherei im Schlosspark.

Mühlenpark Garching

1975 wurde die Freizeitanlage Mühlenpark an der Stelle einer alten Mühle errichtet. Der Biergarten freilich sieht aus, als wäre er viel älter. Das alte Mühlrad dreht sich noch im Mühlbach nebenan, „Stromschnellen" rauschen ein paar Meter weiter. Wer einmal im gut versteckten Innenhof mit seinen überdachten Veranden und durchweg fest installierten Holzbänken sitzt, genießt das Wasserrauschen und die überaus günstigen Preise für Bier und Brotzeit.

Von der sonst häufigen Künstlichkeit eines Freizeitparks ist nichts zu spüren, im Gegenteil, es geht richtig urig zu! Wer den Biergarten über die Mühlgasse ansteuert staunt erst mal. Die vermeintliche Gasse entpuppt sich als veritable Allee von einem halben Kilometer Länge. An ihrem Ende wartet der Biergarten.

Himmel der Bayern
Hacker-Pschorr
MÜNCHNER BRAUTRADITION
SEIT 1417

85748 Garching, Mühlgasse 48
Tel. 3 20 49 75, www.biergarten-muehlenpark.de

Wann:
Täglich 10 - 22.30 Uhr

MVV:
2,5 km von U 6 Garching-Hochbrück, Bus 290 Mühlgasse

Rad:
1 km vom Isar-Radweg; Radweg am Schleißheimer Kanal 8,5 km nach Oberschleißheim (110)

Parken:
Großer P Mühlenpark 500 m entfernt, beim Gymnasium

Sitzplätze:
650; durchweg fest installierte Holztische

Essen:
Einfache kalte und warme Brotzeiten, Steckerlfisch Donnerstags Spare Ribs

Kinder:
Spielplatz auf der anderen Seite des Bachs, kaum einsehbar

Plus:
Schöne Lage am Mühlbach; preiswert, kein Schnickschnack

Minus:
Nicht einfach zu finden für Ortsunkundige

Fazit:
Uriger Biergarten mit ebensolchem Publikum

106 Unser Tipp:

Go-Kart-Rennen
Besser vor dem Biergarten empfehlen wir den Geschwindigkeitsrausch auf der Go-Kart-Bahn in Garching/Hochbrück, am Ende der Robert-Bosch-Straße. Unter der Woche können wir den künftigen Profis zuschauen, wir Möchtegern-Schumis dürfen ebenfalls täglich von 10 Uhr bis zur Dunkelheit an den Start. An Körpergröße sind mindestens 135 cm mitzubringen.
Für schlappe 11 € pro zehn Minuten (am Wochenende 18 € pro 15 Minuten) kann man sich dann Rennvergnügen à la Formel 1 leisten.

Bergl

Das Bergl ist der andere, viel weniger bekannte Biergarten in Oberschleißheim. Fast nur Einheimische finden das idyllische Platzerl mitten im Wald.

Zu Ehren des Begründers des Jesuitenordens erbaute der bayrische Herzog Wilhelm V. im Jahr 1600 die Ignatius-Klause, 1803 öffnete in der ehemaligen Klause der Bierausschank *Zum Kalvarienberg* – daher also der Name Bergl. 1884 übernahm *Franz-Xaver Söllner*, der Urgroßvater der heutigen Wirtin, das schon damals gut eingeführte Wirtshaus Bergl. Dieser Biergarten gefiel dem Uropa besser als die *Menterschwaige* (84), die ihm zuvor gehörte.

Im Lokal hängen Bilder aus längst vergangenen Tagen, die das Bergl noch als einen Riesenbiergarten zeigen und nicht in der arg gestutzten Form unserer Tage.

Immer noch macht das Bergl im August drei Wochen Betriebsurlaub.

Himmel der Bayern

Hacker-Pschorr

MÜNCHNER BRAUTRADITION
SEIT 1417

85764 Oberschleißheim, Bergl 1
Tel. 3 15 01 05, www.hacker-pschorr.de/waldrestaurant-bergl

Wann:
Täglich 11 - 20 Uhr
Ruhetage Mi, Do
im August 3 Wochen Betriebsurlaub

MVV:
S 1 Oberschleißheim
Bus 292 bis Kindergarten

Rad:
1,7 km Schloss Oberschleißheim (110)
3 km Landgasthof Alter Wirt (156)

Parken:
Großer P vorhanden

Sitzplätze:
350; meist Holzgarnituren

Essen:
Spezialität: hausgemachte Bratensülze und eigener Presssack

Kinder:
Kein Spielplatz, aber viel Natur ringsrum; Pferdekoppel und Bach anbei

Plus:
Lage im Wald; reiner Familienbetrieb, preiswert

Minus:
Autos parken nur einen Schritt vom Biertisch; Betriebsferien im August

Fazit:
Die rustikale Alternative zu Klein-Versailles

108 Unser Tipp:

Auf in die Flugwerft
Die Flugwerft Schleißheim auf einem der ältesten deutschen Flugplätze ist eine Außenstelle des *Deutschen Museums*. *Otto von Lilienthals* Flugapparate reihen sich neben Wehrmachtsbomber, US-Kampfjets, Senkrechtstarter, Hubschrauber, der ersten Stufe der Europa-I-Rakete und dem muskelkraftgetriebenen *Musculair*. Effnerstr. 18, Oberschleißheim, Tel. 3 15 71 40, offen täglich 9 - 17 Uhr. Eintritt 6,00 €, ermäßigt 3,00 €.

Schloss Oberschleißheim

Versailles kann getrost einpacken, wenn sich die Frontfassade von Schloss Oberschleißheim in der Abendsonne goldgelb im Maßkrug spiegelt. Ganz einfach, weil es diese Mischung aus Schloss und Biergarten anderswo nicht gibt.

Aber die Fußballwiese im Schlossgarten, na, da hätten sich die hohen Herren gefreut! Ans Volk haben Bayerns Kurfürsten damals weniger gedacht, zum Glück aber an ihre Bediensteten, die hier unterm dichten Kastaniendach manche Maß Hofbräu kredenzt bekamen. Und bei diesem schönen Brauch ist es geblieben.

HB MÜNCHEN

85764 Oberschleißheim, Maximilianshof 2
Tel. 3 15 15 55, www.schlosswirtschaft-oberschleissheim.de

Wann:
Täglich 11 - 22 Uhr

MVV:
S 1 Oberschleißheim
Bus 292 bis Kindergarten

Rad:
Radweg von München entlang S 1; am Schlosskanal Richtung Garching;
1,7 km Bergl (108)
4,7 km Landgasthof Alter Wirt (156)
8,5 km Mühlenpark (106)

Parken:
Großer P am Biergarten

Sitzplätze:
1400; durchweg Holzgarnituren

Essen:
Übliche Brotzeiten; Grillhaxn; diverse Wurst-Delikatessen von den Metzgern Reichlmayr und Wagner

Kinder:
Kein Spielplatz, aber große Spielwiese am Schloss, schlecht einsehbar

Plus:
Alte Kastanien, sehr schattig,
Saisonbier vom Fass
Blick aufs Schloss

Fazit:
Zünftiger Biergarten mit Schlossanschluss

110 Unser Tipp:

Schlosstour
Das Schloss und das nahe Lustheim wurde von den besten Künstlern der bayerischen Kurfürsten geplant und ausgestaltet, wie *Zuccalli, Asam, Zimmermann*. Die Große Galerie auf der Gartenseite wagt sich sogar an das Vorbild Versailles.
Auweh, das Schloss ist groß, der Park noch mehr, und wann gibt's was zu trinken? Wie gut, dass es nicht weit zu den Kastanien ist.
Im Sommer offen von 9 - 18 Uhr. Montags geschlossen.
Eintritt Schlösser-Paket:
8,- €, ermäßigt 6,- €.

Schießstätte Allach

Ein schöner, unauffälliger Biergarten unter alten Kastanien nahe der Würm. Vor ein paar Jahren noch ein behäbiger Wirtsgarten der „königlich privilegierten Feuerschützengesellschaft" hat die Brauerei Kaltenberg auf Biergartenbetrieb umgestellt und das bekommt der Schießstätte gut.

Voll wird es hier selten, es bleibt also genug Platz für alle. Und weil der Laden nicht immer brummt, ist auch die Selbstbedienung nicht immer offen – die Bedienung bringt dann Nachschub von drinnen. Zum Gasthof selbst gehört noch eine Wiese, auf der die Kinder herumtollen können. Ein paar Schritte flussaufwärts liegt eine nette Grünanlage an der Würm, bestens geeignet zum Sonnenbaden, Fuß- oder Federball.

Die vielen Radler, die der Würm von Pasing bis Dachau folgen, finden hier erfrischende Rast.

Kaltenberg
BIER VON KÖNIGLICHER HOHEIT

80999 München-Allach, Servetstr. 1
Tel. 8 12 50 10, www.schiessstaette-allach.de

Wann:
Im Sommer täglich 11 - ca. 22/23 Uhr. Ab Herbst Montag Ruhetag

MVV:
S 2 Allach
Bus 164, Servetstraße

Rad:
Von Dachau bis Pasing fast durchgehende Radroute an der Würm entlang
2 km Insel-Mühle (56)
4 km Langwieder See (114)

Parken:
Meist ausreichender P im Hof

Sitzplätze:
500; durchweg fest installierte Tische

Essen:
Übliche Auswahl und diverse Tagesangebote; wenn SB geschlossen, bringt die Bedienung Essen

Kinder:
Spielplatz im Garten, gut einsehbar. Größerer Spielplatz 50 Meter vom Biergarten an der Würm

Plus:
Ruhige Lage, nahe Radroute

Minus:
Buden nicht immer offen

Fazit:
Ruhige Einkehr an der Würm

112 Unser Tipp:

Flusstour
An der Würm entlang zieht sich von Gräfelfing bis Dachau eine fast durchgehende Radroute. Die Route beginnt am *Lochhamer's* (116). Von dort geht es durch den Stadtpark über Blutenburg, *Insel-Mühle* (56) und Schießstätte bis hinauf auf den Dachauer Schlossberg.

Langwieder See

Direkt am Ufer des Langwieder Sees und damit ganz in der Nähe der Stuttgarter Autobahn liegt dieser große, noch relativ neue Biergarten. Im weiten Rund des Gartens verlieren sich ein paar schwindsüchtige Bäume. Anständigen Schatten von halbstarken Bäumen gibt es erst direkt am Seeufer. Dort liegen auch die schönsten und beliebtesten Tische. Vor allem abends, wenn die tief stehende Sonne über den See hereinscheint und ein paar späte Schwimmer ihre Bahnen ziehen, ist es ein ganz famoses Platzerl. Direkt vom Biergartentisch kann man ins Wasser tauchen. Diese Handvoll Tische am Ufer ist leider rasch belegt; Ausweichplatz gibt es weiter hinten im Biergarten genug.

Der Langwieder See ist nicht die einzige Attraktion: Das Freizeit- und Badegelände am neu angelegten Luss-See liegt nur zwei Gehminuten vom Biergarten entfernt.

Kaltenberg
BIER VON KÖNIGLICHER HOHEIT

81249 München-Langwied,
Kreuzkapellenstraße 89, Tel. 86 48 60
www.hotel-langwieder-see.de

Wann:
Täglich 11.30 - 21, max. 21.30 Uhr (bei Badewetter)

Rad:
5 km Insel-Mühle (56)

Parken:
Ausreichend, für Biergartengäste frei, aber zur Badesaison manchmal voll

Sitzplätze:
1000; durchweg fest installierte Holztische

Essen:
Übliche Auswahl: z. B. griechische Vorspeisen, hausgemachte Tellersülze, Ofenkartoffel, Chicken Wings

Kinder:
Großer Spielplatz, einsehbar, im hinteren Teil des Biergartens

Plus:
Lage am See, durchweg fest installierte Holztische

Minus:
Wenig Schatten

Fazit:
Moderner Seegarten mit schönem Blick

114 Unser Tipp:

Autobahn-Raststätte
Aus dem Schwabenlande glücklich heimgekehrt, finden wir See und Biergarten nur wenige hundert Meter von der Ausfahrt Langwied der Stuttgarter Autobahn. Etwas Kühlung kann nach langer Autofahrt schließlich nicht schaden. Das weitläufige Badegelände (Parkplatzgebühr) ist die Attraktion für alle Wasserratten im Münchner Westen.

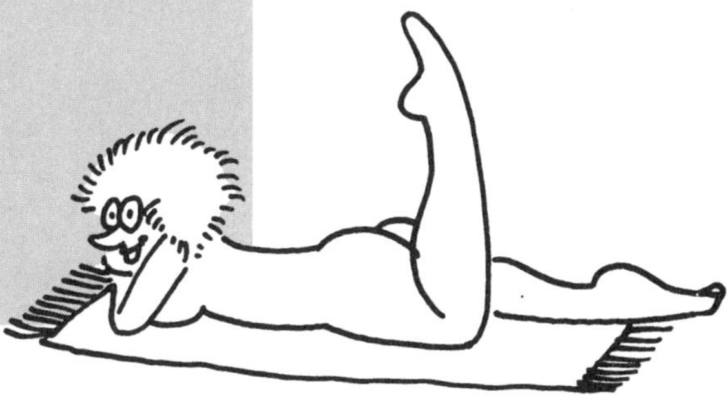

Lochhamer's

Einen schattigen und nicht zu großen Biergarten gleich an der Würm bietet das Lochhamer's, das viele noch unter seinem früheren Namen Lochhamer Einkehr kennen. Leider liegt der Biergarten auch nah an der Straße. Darüber können wir aber hinwegsehen, denn so nah am vorbeimurmelnden Fluss wie hier sitzt man sonst kaum je. Das Wasser erfreut das Auge und die Modelleisenbahn im Biergarten das Kind in uns. Abends scheint nur wenig Sonne herein, das Wirtshaus steht den wärmenden Strahlen im Weg. Das Lochhamer's ist insgesamt ein preiswerter Biergarten.

Wem nach der dritten Maß die Füße schwer werden, der kann sich im nahen Stadtpark ablegen. Direkt hinter dem Lochhamer`s führt eine Fußgängerbrücke in den Park.

Kleine Besonderheit: Die Würm treibt über ein Wasserrad den Hendlgrill an.

HERZOGLICH BAYERISCHES BRAUHAUS TEGERNSEE

82166 Gräfelfing, Lochhamer Straße 4
Tel. 85 48 46 51

Wann:
Täglich 10 - 23 Uhr

MVV:
S 6 Lochham
Bus 161 Pasing

Rad:
Schöner Radweg durch den Stadtpark immer entlang der Würm;
3 km Waldheim, Gräfelfing (118)
3 km Prinzregent Garten (62)
3 km Pe.Es. (120)

Parken:
Oft schwer, evtl. gegenüber am Kirchlein

Sitzplätze:
500; meist feste Holztische

Essen:
übliche Auswahl zu günstigen Preisen, am Wochenende Steckerlfisch vom Holzkohlengrill

Kinder:
Spielplatz, gut einsehbar

Plus:
Direkt an der Würm, schöne Bäume; sonntags Live-Musik

Minus:
Straßenlärm; Bezahlgeräte am Spielplatz

Fazit:
Schattige Rast am Fluß- und Straßenrand

116 Unser Tipp:

Biergarten-Springen
Der Pasinger Stadtpark mit seinen uralten Bäumen zieht sich der Würm entlang nach Gräfelfing. Vom Pasinger Krankenhaus am Flußufer meist schattig bis zur Lindauer Autobahn. Eine Brücke bringt uns zum Hintereingang des Lochhamer's. Vom *Prinzregent Garten* (62) erreichen wir den Stadtpark über die Weinbergerstraße (Radweg). Zum Biergarten *Pe.Es.* (120) an der Würm gibt es leider keinen durchgängigen Radweg.

Waldheim

Das Waldheim des „Evangelischen Handwerkervereins von 1848“ ist, nicht weitersagen, ein Geheimtipp. Einen solchen Biergarten finden Sie sonst nirgendwo mehr, so versteckt im Wald, so entspannt, so familienfreundlich mit dem Charme – und den Preisen – vergangener Zeiten.

Das Waldheim schätzen wir seit Jahrzehnten, doch war es früher nur ein halböffentlicher Biergarten, eher gedacht für Vereinsmitglieder, selbst wenn durstigen Katholiken regelmäßig kühler Trunk verabreicht wurde.

Die Historie merkt man im August noch, wenn die Stadt München hier Kinderfreizeiten veranstaltet. Logisch – wo sonst hat man soviel Platz im Biergarten? Eine riesige Wiese im umzäunten Bereich, ein großer Spielplatz, Tischtennisplatten, Sommerstockbahn. Und durch das Tor im Zaun geschritten tut sich eine riesige Waldlichtung auf, ideal für Kinder. Ein Idyll, in dem Familien einen ganzen entspannten Sommertag genießen können. Und: Hier backt noch Oma.

Den Wandel zum regulären Biergarten wollte ein sehr bekannter Gastronom aus dem nahen Planegg nicht dulden und intervenierte deshalb wegen der Öffnungszeiten (vielleicht war er nicht so evangelisch, sondern ein Heide). Nix hat's gnutzt und das ist gut so.

SPATEN
MÜNCHEN

82166 Gräfelfing, Geigerstraße 33
Tel. 85 19 14, www.ehv-muenchen.de

Wann:
April - Sept/Okt
Di - Fr ab 14 Uhr bis open end
Sa ab 12 Uhr, So ab 10 Uhr
Montag Ruhetag

MVV:
S 6 Gräfelfing, dann ca. 15 Min. zu Fuß – der Geigerstraße in den Wald hinein folgen

Rad:
3 km Freiham (58)
2 km Heide Volm (122)

Parken:
Kleiner P vorm Eingang; Zufahrt über Geigerstraße durch das Waldstück für Gäste erlaubt

Sitzplätze:
400; teils Tische, teils Garnituren

Essen:
Sehr preiswerte Gerichte; warmes Essen wird frisch zubereitet und ausgerufen; Omas Kuchen

Kinder:
Perfekt für Kinder: Großer Spielplatz, große Spielwiese, große Waldlichtung

Plus:
Herrliche Lage, sehr günstige Preise, sehr kinderfreundlich

Minus:
Am Wochenende manchmal Wartezeiten am Ausgabefenster

Fazit:
Waldbiergarten und Sommerfrische wie vor langer, langer Zeit

118 Unser Tipp:

Night-Cache
Etwas ganz Besonderes für Geo-Cacher: Direkt am Waldheim führt ein Night-Cache vorbei – gute Taschenlampen sind also Pflicht, ein GPS-Gerät oder entsprechendes Smartphone hilfreich ebenso wie etwas Geocache-Erfahrung. Tagsüber kann man die Route nicht finden, weil nichts blinkt. Der Weg führt ca. 3 km durch den stockfinsteren Wald. Ein Traum für größere Kinder – ein Erwachsener sollte aber unbedingt dabei sein. Vom Ziel geht es bequem über den Wallfahrerweg zurück zum Biergarten. Näheres unter www.geocaching.com, die Route heißt Waldbrand in Gräfelfing.

Pe.Es.
Kottmeier

Gambas im Biergarten? Kein Problem im Pe.Es., einem treffend benannten Biergarten direkt an der Würm mit reichlich Pferdestärken davor. Zwischen Wirtshaus und Fluss passt sich der Biergarten ein, mit Nadelbäumen am Ufer, mit Sonnenplätzchen in der Mitte und mit engem, aber klassischem Biergartenambiente an der großen Blockhütte – wie geschaffen für Genießer und Sitzenbleiber! Wenn nachmittags unter der Woche wenig los ist, bringt die Bedienung das Bier auch in den Selbstbedienungsteil.

Radfahrer und Kinder findet man im Pe.Es. eher selten. Auch ist dies nicht der Biergarten, wo viele Leute ihre Brotzeit auspacken. Als Besonderheit gibt es das reichhaltige Angebot der Speisekarte frisch zubereitet auch für Selbstabholer – eine willkommene Abwechslung von der sonst üblichen Brotzeitauswahl. Ein Besuch in diesem schönen Biergarten lohnt sich in jedem Fall.

82152 Planegg
Bräuhausstraße 18, Ecke Germeringer Straße
Tel. 89 93 00 30 oder 8 59 80 97, www.pe-es.de

Wann:
Täglich 12 - 1 Uhr

MVV:
S 6 Planegg
Bus 268 Germeringer Straße

Rad:
Kein Radweg; 600 m Heide Volm (122), 1 km Alter Wirt (124), 1,5 km Kraillinger Brauerei (126), 3 km Lochhamer's (116)

Parken:
Schwierig, evt. auf der anderen Seite der Würm

Sitzplätze:
500; meist Holzgarnituren

Essen:
Reiche Auswahl auch von der Speisekarte: Steaks, Salate oder der preiswerte Gemüsespieß vom Grill

Kinder:
Spielplatz Fehlanzeige!

Plus:
Direkt am Fluss, Holzfässer, bis spät offen

Minus:
Kein Spielplatz

Fazit:
Schöner Biergarten mit PeEs-freudigen Gästen

120 Unser Tipp:

In memoriam Karl Valentin

Keine hundert Meter vom Biergarten, an der Ecke Germeringer/Georgenstraße, steht das kleine Häuschen, in dem Münchens bekanntester Komiker und Querdenker seine letzten Jahre verbrachte. Möglich, dass er damals in der Traditionswirtschaft Kottmeier seine berühmten Semmelnknödeln verspeiste. Aber das reichte nicht: Im Hungerwinter 1947/48 starb *Karl Valentin*. Auf dem örtlichen Friedhof zwischen der Münchener- und der Fürstenrieder-Straße finden Sie seinen Grabstein.

Heide Volm

Etwas Forscherdrang gehört schon dazu, um hinter der riesenhaften Betonburg der Großgaststätte noch einen Biergarten zu entdecken, einen selbsternannten „Traumbiergarten“ dazu, aber es gibt wirklich einen, wenn auch keinen allzu berauschenden.

Hier gibt es für jeden Geschmack und jedes Alter etwas: Bei gutem Wetter Musik- und Barbetrieb, ein naturtrübes Kellerbier oder die überdachte Veranda für verregnete Sommerabende. Für Gäste mit schwach entwickelter Rückenmuskulatur ideal: Die Sitzbänke mit Rückenlehne. Und weil auch der Wastl einen Mordsdurscht hat, kriegt er Wasser aus dem Bierfass.

Himmel der Bayern
Hacker-Pschorr
MÜNCHNER BRAUTRADITION
SEIT 1417

82152 Planegg, Bahnhofstraße 51 (direkt am S-Bahnhof)
Tel. 8 57 20 29, www.heidevolm.de

Wann:
Täglich 10 - 23/24 Uhr

MVV:
S 6 Planegg, Bus 260/265/266/268/856/906/967/969 Planegg Bahnhof

Rad:
Radweg nach Germering;
600 m Pe.Es. (120)
1,2 km Kraillinger Brauerei (126)
2 km Waldheim, Gräfelfing (118)
4 km Forsthaus Kasten (128)

Parken:
P am Haus, P & R am S-Bahnhof (Zufahrt Kreuzstraße)

Sitzplätze:
1000; z.T. Holzgarnituren

Essen:
Gute, preiswerte Auswahl; Salatbar

Kinder:
Großzügiger Spielplatz, gut einsehbar; Kettenkarussell gegen Bezahlung

Plus:
Preiswertes Bier;
gleich an der S-Bahn

Minus:
Betonburg, Sektbar

Fazit:
Preiswerte Großgastronomie

122 Unser Tipp:

Maria Eich
Der altberühmte Wallfahrtsort Maria-Eich geht auf zwei Buben zurück, die Söhne des Planegger Schmieds: Sie hatten 1710 eine Marienstatue gefunden, die sie in einer hohlen Eiche aufstellten. Nachdem einige Mirakel geschehen waren, pilgerten die Gläubigen zum „Frauerl in der Aichen" und das ist bis heute so geblieben. Die alte Eiche traf der Blitz, der erhaltene Stamm ist hinter Glas zu sehen. Von Mai bis September finden hier auf der Waldlichtung Freiluftgottesdienste statt. Ein paar Minuten Fußweg bringen uns darauf zum Biergarten.

Alter Wirt

Der Alte Wirt ist ein schöner, gut 160 Jahre alter Traditionsgarten direkt an der Würm, der viele Jahre lang arg heruntergewirtschaftet war. Legendär sind die Geschichten über den alten Wirt vom alten Alten Wirt.

Seit ein paar Jahren hat die Augustiner-Brauerei Haus und Garten übernommen und sauber herausgeputzt. Die sündige Meile Kraillinger Brauerei – Pe.Es. hat in ihrer Mitte durch den Alten Wirt würdigen Zuwachs bekommen.

Unter der Woche öffnen die Buden um 16 Uhr. Vorher kann man sich seine Maß an der Schänke im Wirtshaus holen. Manchmal steigen Veranstaltungen, z.B. ein Country- und Westernfest oder eine Italienische Nacht.

J. W.
Augustiner-
Bräu München
gegründet 1328

82152 Krailling, Margaretenstraße 31
Tel. 89 19 84 44, www.alterwirtkrailling.de

Wann:
Mo - Fr 16 - 23 Uhr
Sa/So ab 10 Uhr

MVV:
S 6 Planegg
weiter mit Bus 967/969
Margaretenstraße

Rad:
Kein Radweg
0,5 Kraillinger Brauerei (126)
1 km Pe.Es (120)
3 km Forsthaus Kasten (128)

Parken:
Auf der Straße; abends und am Wochenende schwierig

Sitzplätze:
500; durchweg Holztische

Essen:
Übliche Auswahl

Kinder:
Kleiner Spielplatz, gut einsehbar

Plus:
Lage am Flussufer

Minus:
Viele Schirme

Fazit:
Herausgeputzter Uferbiergarten

124 Unser Tipp:

Wirtsgärten im Würmtal
Das Würmtal bietet eine hohe Dichte an echten und weniger echten Biergärten. Von der *Kraillinger Brauerei* (126) geht es würmab über den Alten Wirt und die Musikkneipe Schabernack (sehr schöner Garten, nur abends offen, Brotzeit mitbringen erlaubt) und das Planegger *Bräustüberl* (schöner Garten direkt an der Würm) über die Bahnhofstraße zum *Heide-Volm* (122) direkt am S-Bahnhof Planegg. Wer noch weiter will, kann über das Waldheim (118) das Lochhamer's (116) ansteuern.

Kraillinger Brauerei

Hopfen und Malz werden in der Kraillinger Brauerei zwar nur noch in Fässern geliefert, umso mehr Platz bleibt aber für den Biergarten, eine Sommerfrische für Normalverdiener im sonst so nobligen Würmtal.

Die vielen Radler tun ein Übriges, und für die Kinder gibt es sogar eine eigene Etage im Souterrain. Angenehm sind die meist festgefügten Tische und Bänke. Sie lassen das Gewackel der anderswo üblichen Biergarten-Garnituren vergessen. Hier haben wir auch viel Platz zwischen den Tischen. Es herrscht also nicht die Enge mancher Stadt-Biergärten.

Im hinteren Gartenteil, fernab der Buden, geht's dann gemächlicher zu. Dort spitzt auch die Abendsonne unters dichte Blätterdach hinein und vergoldet die Krüge. Jetzt bloß noch eine frische Maß Herrnbräu aus dem Holzfass und fertig ist das Gartenglück – wohl bekomm's!

82152 Krailling
Margaretenstraße 59, Ecke Pentenriederstraße
Tel. 8 57 17 18, www.kraillinger-brauerei.com

Wann:
Täglich 11 - 23 Uhr

MVV:
S 6 Planegg; Bus 936/968/969 Mitterweg

Rad:
Kein Radweg;
0,5 km Alter Wirt (124)
1,2 km Heide Volm (122)
1,5 km Pe.Es. (120)
3 km Forsthaus Kasten (128)
10 km Leutstetten (130)

Parken:
P am Haus

Sitzplätze:
1800; meist fest installierte Tische

Essen:
Große Auswahl; Buden haben nicht immer offen

Kinder:
Großer Spielplatz in eigener Etage mit 100 Sitzplätzen, Trampolin

Plus:
Meist festinstallierte Tische; schöner Spielplatz

Fazit:
Bodenständige Einkehr mit guter Küche und zivilen Preisen.

126 Unser Tipp:

Von Maß zu Maß per Schlauchboot
Ideal an heißen Sommertagen – und nur bei hohem Wasserstand: Per Schlauchboot vier Kilometer die Würm hinunter, juchhe, und unterwegs an vier oder fünf Biergärten andocken, das ist stark! Direkt hinter der Kraillinger Brauerei geht's los, dann über den *Alten Wirt* (124), *Pe.Es.* (120) und das *Bräustüberl* bis zum *Lochhamer's* (116). Wem das nicht reicht, der kann ja schon in *Leutstetten* (130) in See stechen…

Forsthaus Kasten

Wenn Sie über die Rad- und Wanderwege von Krailling, Stockdorf oder Neuried herkommend aus dem Wald treten, liegt inmitten einer großen Lichtung der himmlisch ruhige Ausflugsbiergarten. Hier entfalten Spaziergänger ihre Zeitung, verschmökern Bücherwürmer den lieben Tag, genießen Kinder Wiesen, Spielplatz, Tiergehege, hier eilt nichts. Abends dann bietet sich den durstig Ankommenden ein fast unwirkliches Bild: eine Insel mit bunten Lichtern im weiten Dunkel drumherum. Ist freilich eine der Veranstaltungen im Gange – und das ist nicht selten – kann aus dem Idyll rasch ein Rummelplatz werden.

Das frische Brot kommt hier am Wochenende aus dem eigenen Steinbackofen im Biergarten. Für Radtouren zu den Biergärten am Rand des Forstenrieder Parks ist Forst Kasten ideal gelegen.

PAULANER
Feinste Münchner Braukunst seit 1634

82131 Gauting, im Forstenrieder Park
Tel. 8 50 03 60, www.forst-kasten.de

Wann:
Täglich 11 - 23 Uhr, So ab 10 Uhr bei entsprechendem Wetter auch im Winter offen

MVV:
S 6 Stockdorf, dann 3 km zu Fuß, Bus 936/968 Max-Dingler-Straße

Rad:
Radwege durch Forstenrieder Park; 3 km Kraillinger Brauerei (126) 9 km Leutstetten (130) über Buchendorf

Parken:
großer P am Haus; Navi-Eingabe: 82061 Neuried, Kasten

Sitzplätze:
2500; durchweg Holz, z.T. fest installiert

Essen:
Reichhaltiges Angebot; Mini-Leberkäs in der Aluschachtel Am Wochenende Brot aus dem eigenen Stein-Backofen

Kinder:
Schöner Spielplatz, Schafe, Ziegen, große Wiesen; gegen Bezahlung: Trampolin, Minigolf

Plus:
Idyllische Lage auf großer Waldlichtung, bietet viel für Kinder

Minus:
Rummel bei Veranstaltungen

Fazit:
Schöne Waldrast für Ausflügler und Sitzenbleiber

128 Unser Tipp:

Wochenend-Remmidemmi

Die Lage auf der großen Waldlichtung verleitet offenbar zu vielerlei Veranstaltungen: Da setzt es ein Frühlingsfest, ein Weinfest oder die Wolperdinger-Olympiade mit Maßkrugschieben, Wettmelken und Bierfass-Parallel-Slalom. Bei dieser Art des Freizeit-Vollzugs sind die Parkplätze entsprechend rar.
Aus ist's dann mit der sonst so beschaulichen Ruhe.

Leutstetten

Nobel die Schlossgaststätte in der Nachbarschaft des Wittelsbacher Schlosses, nobel die Starnberger Schickeria, die hier ihre Karossen vorführt. Aber auch durstige Mühlthal-Wanderer schlucken gerne vom königlich-kaltenbergschen Bier. Ein klassischer Ausflugs-Biergarten also, griabig und schattig. Die riesigen, altgewachsenen Bäume setzen dem Garten die Krone auf.

Doch Vorsicht, wer wochentags von den Überresten der sagenhaften Karlsburg herabwandert, findet den eigentlichen Biergarten erst ab 17 Uhr geöffnet, am Wochenende freilich schon ab Mittag. So bleibt bei klarem Wetter noch genügend Zeit, vom Moränenhügel gleich hinter dem Wirtshaus den traumhaften Blick auf Starnberger See und Zugspitze zu genießen.

Bei weniger sicherem Wetter haben die Standl schon mal zu; dann muss man sich eben an der Schänke im Wirtshaus bedienen.

Kaltenberg
BIER VON KÖNIGLICHER HOHEIT

82319 Starnberg-Leutstetten, Altostraße 11
Tel. (08151) 81 56, www.hs-gaststaetten.de

Wann:
Mo - Fr 17 - 23 Uhr
Sa/So ab 12 Uhr
September - Mai Mo Ruhetag

MVV:
S 6 Starnberg-Nord
Bus 963 von Starnberg nur unter der Woche

Rad:
Von Gauting Radweg ins Mühlthal; durch den Forstenrieder Park von Forsthaus Kasten (128) über Buchendorf

Parken:
Beschilderte Abzweigung von der Straße Gauting-Starnberg oder von der Olympiastraße München-Starnberg.
P knapp, oft schwierig

Sitzplätze:
600; durchweg fest installierte Holztische

Essen:
Große, gehobene Auswahl vom Grill und kalte Brotzeiten

Kinder:
Klettergerüst, nahe der Straße

Plus:
Herrliche Bäume, ideal für Wanderungen

Minus:
Unter der Woche erst ab 17 Uhr geöffnet; Buden haben nicht immer auf

Fazit:
Klassisch-schönes Ausflugsziel

130 Unser Tipp:

Theater am Hof
Im Nebengebäude der Schlossgaststätte finden mehr als nur illustre Hochzeiten und Weihnachtsfeiern des FC Bayern statt: Hier spielt im Herbst das Bauerntheater.Infos im Netz: www.hs-gaststaetten.de. Schade nur, dass einem drinnen langsam heiß wird, während draußen eine frische Maß zu haben wäre. Wer keine Karten kriegt, gräme sich nicht: Das Mühlthal lockt mit einer Vielzahl von Ausflügen.

Waldgasthof Buchenhain

Buchenhain bei Pullach war schon immer ein beliebtes Ausflugsziel. Die Lage am Hochufer der Isar – die man von hier freilich nicht sieht – zwischen Forstenrieder Park und Georgenstein könnte gar nicht günstiger sein.

Das Bier bekommt man am Wochenende an der Gartenschänke, sonst holt man es sich drinnen. Die Brotzeit gibt es ab 11.30 Uhr aus dem Fenster, vorher bietet der Schankwagen ein paar Magentratzerl an. Schatten unter den alten Bäumen gibt es reichlich erst ab nachmittags. Für Kinder ist jede Menge Platz.

Steil geht es hinab zur Isar. Direkt unterm Biergarten ist der herkömmliche Klettergarten der Münchner Bergfexe, die heute lieber künstliche Kletterwände benutzen. An die alte Zeit erinnert noch die heutige Straßenadresse.

Weit weg von jeder Hektik ist der Waldgasthof ein entspannter Biergarten, in dem man gerne länger sitzen bleibt. Der nahe S-Bahnhof lässt uns ganz ohne Promillesorgen noch eine zweite Maß Hofbräu trinken. Auf Wunsch kommt das Bier sogar im Steinkrug daher.

HB
MÜNCHEN

82065 Buchenhain, Am Klettergarten 7
Tel. 7 44 88 40, www.hotelbuchenhain.de

Wann:
Sa/So 10 - 23 Uhr
Mo - Fr Bier drinnen holen

MVV:
S 7 Buchenhain

Rad:
Am Radweg entlang der B 11
Solln - Pullach - Hohenschäftlarn
6 km WaWi (134)
8 km Schäftlarn (200)
8 km Forsthaus Kasten (128)

Parken:
Großer schattiger P am Haus; von München her auf der B 11 erst nach der Unterführung links abbiegen

Sitzplätze:
900; durchweg Holztische

Essen:
Viele Brotzeiten, einige warme Gerichte; Schmalznudeln und selbstgebackene Kuchen

Kinder:
Großer Spielplatz, eingezäunt und gut einsehbar; Fußballtore

Plus:
Schöne, ruhige Lage; großer Spielplatz

Minus:
Unter der Woche Bier drinnen holen

Fazit:
Optimaler Familien-Biergarten zum Sitzenbleiben

132 Unser Tipp:

Feier-Abend
Wenn Sie mal anständig abfeiern wollen, ist Buchenhain eine gute Adresse: Die Tische können Sie nach Belieben zusammenstellen. Nun noch eine herzhafte Brotzeit ausgepackt und schon lacht das bayerische Herz. Kinder können im weiten Areal herumtollen oder Räuber und Schandi spielen. Die Ruhe ist einer Waldgaststätte angemessen. Trotzdem wartet der S-Bahn-Chauffeur ganz in der Nähe auf heitere Gäste.

Waldwirtschaft Großhesselohe

Seit Wirt *Sepp Krätz* 1981 den Traditionsbiergarten übernommen hat, ist die „WaWi" zu einem der bekanntesten Biergärten Bayerns aufgestiegen. Von hier ging 1995 die Münchner Biergartenrevolution aus. Daher wundert's kaum, dass auch viele Promis und Nordlichter den Weg hierher suchen. Man kennt sich ja vom Hippodrom, dem langjährigen Krätz-Zelt auf der Wiesn. Sie alle finden einen wunderschönen, echten Biergarten hoch über dem Isartal. Das gilt auch für die Schlapphüte vom Bundesnachrichtendienst, der gleich jenseits der Mauer residiert. Gleich am Zaun stürzt das Hochufer steil hinab in die grüne Hölle. Hier ist auch das schönste Brotzeitplatzerl!

Ein Zeltdach zieht sich durchs Herz des Gartens. Die Bühne für die Band ist in die Mitte gerückt; nun wird jeder Winkel mit Jazz berieselt. Die Musik sorgt auch dafür, dass die Maß etwas teurer daherkommt und dass es hier oft schon sonntagmittags rappelvoll ist.

82049 Pullach-Großhesselohe
Georg-Kalb-Straße 3, Tel. 74 99 40 30
www.waldwirtschaft.de

Wann:
Täglich 10 - 23 Uhr
Ausschank bis 22.30 Uhr
an warmen Wochenenden auch im Winter offen

MVV:
S 7 Großhesselohe

Rad:
Am Isarhochufer bis Hohenschäftlarn 13 km
Klosterbräu Schäftlarn (200)
2 km Menterschwaige (84)
3 km Hinterbrühl (82)

Parken:
Zufahrt über Promenadeweg.
P oft überlastet; Gebühr – für 10 Parkscheine eine Maß gratis

Sitzplätze:
2200; durchweg Holztische

Essen:
Große, gehobene Auswahl

Kinder:
Spielplatz, z.T. kostenpflichtig, Schiffsschaukel, Kinder-Eisenbahn, Minigolf, Trampolin

Plus:
Klassiker, Lage am Isar-Hochufer, Musik, gute Bierauswahl (nach Saison auch Mai-Bock usw.)

Minus:
Gehobene Preise

Fazit:
Herrlicher Biergarten mit Tamtam

134 Unser Tipp:

Always on the bright side of life

Seit 1982 spielt in der WaWi Jazz, bei schönem Wetter täglich. Begeben Sie sich über die *Route 66* auf die *Sunny Side of the Street!* Wenn Ihnen das nicht ganz so leicht fällt, helfen Sie eben mit ein oder drei Maß nach!

Als kleiner Ausflug bietet sich auf dem Waldweg nach Pullach die Burg Schwaneck an, die im 19. Jahrhundert einer Raubritterburg nachgebaut wurde und heute als Jugendherberge dient.

Kugleralm

Der „Familien-Biergarten im Münchner Süden", so die Eigenwerbung, ist ein klassisches Ausflugsziel, ein Biergarten mit allem Drum und Dran.

So viele Radfahrer wie hier sieht man in keinem anderen Biergarten. Entsprechend ist bisweilen der Andrang, mit dem die großzügig dimensionierten Schankzentren aber spielend fertig werden.

In der Kugleralm, so geht die Mär, wurde 1922 die Radlermaß erfunden, als der legendäre Wirt *Franz Xaver Kugler* aus der Not eine Tugend machte: An einem heißen Julitag ging das Bier zur Neige und so streckte er es einfach mit Limo, fertig war der Durstlöscher. Den braucht man auch heute noch, wenn man auf dem überaus sonnigen Vorplatz sitzt, weiter hinten aber gibt's Schatten genug. Tanzboden, Leerflächen, Schirmdach, Tische bilden ein nicht alltägliches Biergarten-Sammelsurium. Ab und zu spielt hier auch Live-Musik auf und es gibt auch eine Vatertagsgaudi.

SPATEN MÜNCHEN

82041 Deisenhofen, Linienstraße 93
Tel. 61 39 01 20, www.kugleralm.de

Wann:
Täglich 10 - 22.30 Uhr

MVV:
S 3 Furth/Deisenhofen

Rad:
6 km Menterschwaige (84)
13 km Schäftlarn (200)
9 km Gasthaus zur Mühle: schöne Route über Laufzorn und Straßlach

Parken:
P ausreichend vor dem Haus oder jenseits der Bahn

Sitzplätze:
2500; meist Holzgarnituren

Essen:
Große Auswahl; gerühmt sind die Auszognen; Nudelbar, Steckerlfisch, Flammkuchen Sonntags Spanferkel

Kinder:
Großer, schöner Spielplatz, gut einsehbar und eingezäunt, Ponyreiten

Plus:
Preiswert, klassisches Ausflugsziel Sehr kinderfreundlich

Minus:
Manches überdimensioniert

Fazit:
Klassiker für Radler und Familien

136 Unser Tipp:

Radeln im Grünwalder Forst
Von der Grosshesseloher Brücke unweit der *Menterschwaige* (84) ein kleines Stück Richtung Grünwald, dann zweigt der Radweg nach links ab. Vorbei am Bavaria-Filmgelände, erreichen wir auf einer großen Waldlichtung das Wirtshaus *Wörnbrunn* und weiter durch tiefen Wald die Kugleralm. Schön ist auch die Tour über Laufzorn und Straßlach zum *Klosterbräu Schäftlarn* (200).

Zum Bartewirt

Ein schmucker Biergarten weit draußen, kurz vorm Tegernsee und dennoch mit S-Bahn-Anschluss.

Kreuzstraße – der Name macht Sinn. Direkt am Straßenkreuz beim Maibaum liegt der Biergarten. Der bietet halb Sonne, halb Schatten, für jeden ist also ein Platzerl dabei.

Früher – wir vergessen nichts – hing hier noch das unselige Schild „Brotzeit mitbringen verboten“. Dieses Stück Unkultur ist seit einigen Jahren Gott sei Dank verschwunden und so präsentiert sich der Bartewirt als ein schöner Ausflugsbiergarten, ideal als Radlerziel oder nach einer Bergtour am Tegern- oder Achensee.

Der Wirt bietet „bayrisch-österreichische Küche“ an. Den Mischmasch kennen wir auch schon aus der Schlossgaststätte Leutstetten. Trotzdem dürfen wir es uns beim Bartewirt einfach bayerisch wohl sein lassen, die deftigen Portionen und das Arcosche Kellerbier lassen grüßen.

GRAF ARCO

83626 Valley/Kreuzstraße, Gruberstraße 1
Tel. (08024) 77 81, www.bartewirt.de

Wann:
Mo-Fr 17 - 22.30 Uhr
Sa/So 10 - 22 Uhr

MVV:
S 7 Kreuzstraße (600 m entfernt)

Rad:
Radweg an der Mangfall (siehe Tipp)
7 km Aying (140)

Parken:
P ausreichend am Biergarten

Sitzplätze:
450; durchweg Holzgarnituren

Essen:
Deftige Küche in großen Portionen; Salatbuffet

Kinder:
Spielplatz, gut einsehbar

Plus:
Gute Küche

Minus:
Schwerverkehr nahebei

Fazit:
Angenehmer Ausflugsbiergarten mit guter S-Bahn-Anbindung trotz Outback-Lage

138 Unser Tipp:

Mangfallera!
Im Frühtau zur Mangfall hinab – die nahe S-Bahnstation Kreuzstraße macht's auch Sonntagsradlern möglich: Vom Bahnhof den mythischen Teufelsgraben entlang, dann über Wiesen bis Grub und das Sträßlein steil zum Mangfall-Tal hinab, der Trinkwasserquelle Münchens. Am Flüsschen angekommen bieten sich diverse Möglichkeiten. Wie wär's mit einem Abstecher zum Schloss Valley mit dem Orgelmuseum von Dr. Sixtus Lampl? In überschaubarer Distanz zum Biergarten gelegen, bietet sich die Strecke auch als Wanderausflug an.

Liebhard's Bräustüberl zu Aying

Ein herrlicher Brauereibiergarten an einem Bilderbuch-Dorfplatz. Mit Maibaum, Denkmal, Gasthof, und über alles ragt der Zwiebelturm. Leider parken hier auch die Autos, die trotz der südlichen Lage ein überraschend nördliches Publikum herankarren. Eng zusammenrücken müssen wir ohnehin, den Weg zur Völkerverständigung finden wir über das süffige Bier, das hier im Ort gebraut wird. Draußen im Garten wird das unfiltrierte Kellerbier inzwischen wieder verzapft.

Das Bräustüberl ist nach Johann Liebhard benannt, dem Urgroßvater des jetzigen Bräu *Franz Inselkammer*. Liebhard ließ im Jahr 1877 die Brauerei erbauen, die heute den Namen Aying in die weite Welt trägt.

85653 Aying, Münchner Straße 2
Tel. (08095) 13 45, www.liebhards-aying.de

Wann:
SB wochentags bei sicherem Wetter ca. 17 - 24 Uhr
Wochenende ab 10 Uhr

MVV:
S 7 Aying, 400 m zu Fuß

Rad:
16 km Gut Keferloh (100)
19 km Leiberheim (96)

Parken:
Relativ knapp am Dorfplatz, am Wochenende schon mal überfüllt

Sitzplätze:
600; durchweg Holztische

Essen:
Preiswert; Salatbuffet;
Schmankerl: Schweinshaxn

Kinder:
Winziger Spielplatz, gut einsehbar

Plus:
Preiswertes, süffiges Bier, schöne Umgebung

Minus:
Kaum Platz für Kinder

Fazit:
Griabiger Brauereibiergarten im Bilderbuchdorf

140 Unser Tipp:

B(r)aumeisterlich
Besuchen Sie mal die Brauerei am Ortsrand von Aying. Eine wirklich gelungene Mischung von hochmoderner Technik und dörflicher Bauweise. Mit viel Glas und Lärchenholz, mit Satteldach und Torbogenfenstern ist den Ayingern ein wirklich glasklares ländliches Ökonomiegebäude gelungen. Und das ohne jede Anbiederung an den sonst ach so beliebten Jodlerbarock.

Forsthaus St. Hubertus

Der bekanntere unter den beiden Prachtbiergärten im Ebersberger Forst, wie geschaffen für einen Waldspaziergang von einem zum anderen. Weit öffnet sich die Lichtung ums Forsthaus, bietet Platz für Wiesen, den Biergarten und einen geräumigen Spielplatz. Kinder haben hier noch mehr Auslauf als in der *Sauschütt* (144), doch ist der Forsthausgarten nicht ganz so urig und schattig wie der Nachbar.

Unter der Woche wirds kaum je voll hier, und dann sind die Vogelstimmen das lauteste, was man hören kann. Autos, die sich über die Schotterpiste von Ebersberg herüberquälen, verstecken sich gnädig weiter hinten. Sie stören die himmlische Ruhe nicht. Dafür gibt es eine Pferdeanbindestation wie vorm Cowboy-Saloon. Im Winter lockt ein Christkindlmarkt geländegängige Wanderer.

So tief im Wald würde es uns auch nicht wundern, wenn zu später Stunde noch der Räuber Hotzenplotz daherpolterte und sich einen Wildsautropfen genehmigte!

Schweiger

85560 Ebersberg, St. Hubertus 1, im Ebersberger Forst
Tel. (08092) 8 57 99 96, www. forsthaus-hubertus.de

Wann:
Mi - Sa 12 - max. 23 Uhr
So ab 11 Uhr
Mo/Di Ruhetag

MVV:
S 4 Ebersberg, Bus 446

Rad:
5 km Hohenlindener Sauschütt (144)

Parken:
Zufahrt von Ebersberg Richtung Markt Schwaben, dann links nach Anzing, z.T. Schotterstraße, großer P

Sitzplätze:
400; Holzgarnituren

Essen:
Übliche Auswahl; Spare Ribs

Kinder:
Großer Spielplatz, gut einsehbar, Wald, Wiesen

Plus:
Idyllisch mitten im Wald, Ruhe, Platz

Fazit:
Wunderschöne Waldschenke in himmlischer Ruhe

142 Unser Tipp:

Stramme Radtour
Aus Richtung München geht's per Rad an der B 304 entlang bis Eglharting, wo wir nördlich in den riesigen Ebersberger Forst abschwenken. Säuberlich sind die Waldwege im Karree ausgerichtet, und so erreichen wir im Zickzack übers Forsthaus Diana (keine Bewirtung) das Forsthaus St. Hubertus. Von hier aus gehen mehrere Radwege, einer führt uns Richtung Nordwesten zum Biergarten *Sauschütt* (144).

Hohenlindener Sauschütt

Eine Perle unter Wildsäuen: Mitten im Ebersberger Forst mit seinen Schwarzkitteln liegt schattig, einsam, verwunschen dieser Märchengarten mit einem Gasthaus im Hexenhäuslformat. Fragen Sie mal die Kenner der Münchner Maßkrugszene, ob sie schon mal von der Waldgaststätte Sauschütt gehört haben? Nix haben die gehört, das versprechen wir.

Dabei könnt's gar nicht schöner sein, ein Waldgarten wie aus dem Bilderbuch. Schad bloß, dass es unter den Linden nur noch Garnituren gibt statt der alten festen Tische. Darauf schlucken wir ein Schwarzbier vom Wildbräu!

Die Kinder glauben sich hier eh im Paradies – mit Wildgehege und Streichelzoo. Übrigens: Die Wirtsleut zapfen Ihnen auch dann eine Maß, wenn Sie als einziger Gast hereinrumpeln.

Seit 1616 WILDBRÄU GRAFING

85664 Hohenlinden, Sauschütt 1, im Ebersberger Forst
Tel. (08124) 44 64 78

Wann:
ca. 10.30 - 22 Uhr; Mo, Di Ruhetag, aber bei schönem Wetter im Sommer geöffnet

MVV:
S 4 Ebersberg, S 2 Erding
Bus 445/449 Sauschütt Ost

Rad:
3 km von Hohenlinden
5 km Forsthaus St. Hubertus (142)

Parken:
P beschilderte Zufahrt von der Straße Hohenlinden-Ebersberg

Sitzplätze:
600; meist Holzgarnituren

Essen:
Eigene Metzgerei, Wild aus dem Ebersberger Forst

Kinder:
Spielplatz, gut einsehbar, Wald, Wildgehege mit Streichelzoo

Plus:
Einsame Lage im Wald, schattig, „Geheimtipp"

Fazit:
Traumhafter Waldbiergarten

144 Unser Tipp:

Unter Wildsäuen
Gleich am Biergarten gibt es mehrere Wildgehege, etwas nördlich liegen die Reste einer Römerstraße im Waldboden. Zum *Forsthaus St. Hubertus* (142) von der Sauschütt die Zubringerstraße erst geradeaus weiter, am Kapell-Geräumt links. Dann über den Hohenlindner-Geräumt geradeaus zum Forsthaus. Oder wie wär's mit dem Walderlebnispfad über drei sogar rollstuhlgeeignete Kilometer?

Gasthof Grub

Direkt an der S-Bahnstation von Grub erwartet uns dieser Landbiergarten mit seinem dichten Kastaniendach.

Über 100 Jahre schon leistet das Wirtshaus Dienst am Gast. Viele Tische sind hier gedeckt, aber für 200 Gäste bleibt dennoch Platz zum Brotzeit mitbringen. Wer nichts mitbringt, den versorgt die Bedienung. Bei den günstigen Preisen durchaus eine Alternative. Seit die neue zweite Schänke aufgemacht hat, heißt es hier „nie mehr auf Bier warten." Bierkenner schätzen das naturtrübe Sommerbier vom Hofbräu; für eine zünftige Grillparty empfehlen wir die Biergarten-Hütte, siehe Tipp.

Die Straße, die hier früher für Lärm gesorgt hat, ist mittlerweile geschlossen. Recht so!

HB

MÜNCHEN

85586 Poing-Grub, Parsdorfer Straße 5
Tel. 9 03 23 36

Wann:
11 - 23 Uhr; Mo Ruhetag

MVV:
S 2 Grub, direkt am Bahnhof

Rad:
12 km Sauschütt (144)
7 km Heimstettener See (102)

Parken:
Großer P vorhanden

Sitzplätze:
650; davon 200 zum Brotzeit mitbringen

Essen:
Spezialität: Schweinshaxn, ansonsten übliche Auswahl

Kinder:
Schöner Spielplatz, gut einsehbar

Plus:
Idyllische Lage unterm Kastaniendach

Minus:
Viele gedeckte Tische;

Fazit:
S-Bahn und Land-Idyll

146 Unser Tipp:

Auf geht's zum Grillfest
Ein Grillfest drinnen? Ja, in der urigen Hütte des Biergartens. Der Wirt liefert die Kohle, die Getränke und heizt den Grill an. Was auf dem Grill liegt, das können Sie mitbringen. Und das Schönste: Niemand wirft Sie um elf hinaus, im Gegenteil, es darf schon mal bis zur Morgendämmerung hoch hergehen.

Schlossallee Haag

Hoch droben im finstren Norden, zwischen Freising und Moosburg, liegt ganz unvermutet dieser herrliche Riesenbiergarten, einer der schönsten von allen. Treten Sie ein und wandeln Sie die Allee den Hang hinab, links und rechts von Unmengen trinkfester Bajuwaren gesäumt. Die sitzen längst bei einer Maß *Jägerbier* aus dem Steinkrug.

Früher, als die Schlossallee nur am Wochenende aufgesperrt hat, spielte hier die Blasmusik; inzwischen hat man auf Stilrichtungen aller Art geschaltet. Schad fast.

Die Schlossallee ist und bleibt einer der schönsten aller Biergärten. Hier ist viel Platz für jeden und für die Kinder fährt am Fuße des Hügels sogar eine eigene Eisenbahn.

Übrigens: Hier gab es wirklich mal ein Schloss. Von ihm ist nur die Allee geblieben, deren alte Bäume uns hier beschatten.

HOFBRAUHAUS FREISING
Brautradition seit 1160

85410 Haag/Amper, Freisinger Straße 1
Tel. (08167) 3 50, www.biergarten-haag.de

Wann:
Täglich 14 - 23 Uhr
Wochenende und feiertags schon ab 11 Uhr

Rad:
Neuer Radlparkplatz;
Von Freising 11 km über Zolling; 12 km Plantage! (150)

Parken:
Großer P mit 500 Plätzen, kostenlos

Sitzplätze:
4000; meist festinstallierte Holztische

Essen:
Sehr große Auswahl; Edel-Steckerlfisch: Forelle und Saibling, Steak- und Wursthüttn, Hendl- und Ochsenbraterei; hausgemachte Kuchen

Kinder:
Viele Geräte, Ampertal-Bahn für Kinder, alles gut einsehbar, viel Auslauf

Plus:
Schöne Lage, Steinkrüge, alte Bäume, Kinderparadies

Fazit:
Herrlich-zünftige Landpartie – ein Traum für jeden Biergartenfan!

148 Unser Tipp:

Bayern leuchtet
Was dem Chinaturm sein Kocherlball, ist der Schloßallee ihr Lampionfest. Das steigt immer am ersten Samstag im Juli. Dann kriegt jeder Besucher einen Lampion in die Hand, den klemmt man an den Tisch und abends leuchten 4000 Lampions bunt den Hang hinunter – das schönste aller Biergartenbilder, unbandig!

Plantage!

Seit 1874 gibt es diesen traumhaften Waldbiergarten bei Freising, hochmodern sind Schankzentrum und Spielplatz.

Die Kinder springen durch den wundervollen Laubwald, der sich am Hang über dem Biergarten hinaufzieht und zum Fangermandl einlädt. Eichen, Buchen und Ahorne gibt's also genug, auch sonst manche exotischen Bäume, denn im 19. Jahrhundert legten die Weihenstephaner hier eine Baumschule an – daher also der Name „Plantage!".

Sonn- und feiertags gibt es von 13 bis 17 Uhr einen Frühschoppen mit Live-Musik aller Stilrichtungen. Als „Musikbeitrag" kostet dann das erste Getränk einen Euro mehr. Ein Besuch des Biergartens mit Ausrufezeichen im Namen lohnt sich auch für unternehmungslustige Millionenstädter.

SEIT 1040
BAYERISCHE STAATSBRAUEREI
Weihenstephan
ÄLTESTE BRAUEREI DER WELT

85354 Freising, Plantage 2
Tel. (08161) 6 31 55, www.plantage-freising.de

Wann:
Täglich 10 - 24 Uhr

MVV:
S 1 Freising

Rad/Auto:
Von Freising S-Bahn 3 km Richtung Haindlfing, dann Schild nach links zu Sportpark und Plantage
2,7 km Hofbrauhauskeller (152)
12 km Schlossallee Haag (148)
25 km Mühlenpark (106)

Parken:
Großer P

Sitzplätze:
1200; durchweg Holzgarnituren

Essen:
Gute Auswahl; Schmankerl: klassischer Obatzda; Essigknödel; eigene Fischbraterei; selbstgemachter Kartoffelsalat

Kinder:
Große Anlage, gut einsehbar

Plus:
Schönste Lage im Laubwald

Minus:
Pfand für Krüge

Fazit:
Bestnoten für diese Waldoase!

150 Unser Tipp:

Walderlebnis
Gleich am Parkplatz der Plantage beginnt der rund zwei Kilometer lange Walderlebnispfad Freising mit dem Motto „Natur erleben mit allen Sinnen“. Verirren Sie sich nicht im angeschlossenen „Waldlabyrinth“ mit Barfußweg und Baumtelefon, sonst finden Sie den Biergarten vor lauter Bäumen nicht.

Hofbrauhaus-Keller

850 Jahre alt ist das Hofbrauhaus in Freising und damit fast so alt wie der bekanntere Bierbruder aus Weihenstephan. Dafür liegt der Keller viel näher an der herrlichen Freisinger Altstadt und ist auch von der S-Bahn gut zu Fuß erreichbar. Viele Radler, Wanderer und Nachbarn haben sich oben eingefunden. Unter den Tischen lag früher der Bierkeller, in dem das Bier auch im heißesten Sommer kühl blieb.

Schön, dass die unseligen Zeiten, in denen das Mitbringen der Brotzeit verboten war, vorbei sind und eine der ältesten Bierstätten Bayerns wieder auf den Pfad der Tugend zurückgefunden hat. Die Brauerei steht gleich nebenan, die Wege für das naturtrübe Jägerbier sind also kurz. Und der Wirt weiß, was er da anbietet – schließlich ist er selbst gelernter Brauer.

HOFBRAUHAUS FREISING
Brautradition seit 1160

85356 Freising, Lankesbergstraße 5
Tel. (08161) 93 88 00

Wann:
Täglich 11 - 23 Uhr

MVV:
S1 Freising, dann 10 Min. zu Fuß durch Altstadt und Weizengasse auf den Lankesberg

Rad:
2,7 km Plantage (150)
2,2 km Bräustüberl Weihenstephan (154)

Parken:
P ausreichend vorm Haus

Sitzplätze:
600; meist Holztische

Essen:
Gute Auswahl, alle Klassiker, alles aus der Region

Kinder:
Riesiger Spielplatz, schöne Geräte, gut einsehbar

Plus:
Lage im Herzen der Stadt; uralte Brauerei

Fazit:
Der Familienbiergarten mit Brauereianschluss

152 Unser Tipp:

Die Freisinger Altstadt
Durch Jahrhunderte war Freising die Rivalin Münchens. Die Kraft des Glaubens und die Macht des Bistums spiegeln sich in der Domkirche, der die Brüder *Asam* ihren unvergleichlichen Stempel aufdrückten. Der Domberg und die Altstadt rund um den Marienplatz machen Freising zu einem oberbayerischen Juwel.

Bräustüberl Weihenstephan

Die älteste Brauerei der Welt, seit 1040 in Betrieb, ist der Nabel der Bierwelt. Nach dem steilen Weg herauf schmeckt das Bier vorzüglich, vor allem der dunkle Korbinian-Bock und die sechs (!) Weißbiersorten. Ganz Unerschrockene kosten vom Xan-Bier, einem Wellness-Wohlfühltrunk, das freilich nur aus der Flasche kommt. Vom Hügel blicken wir einerseits weit ins Land hinein, andererseits aufs Brauereigelände.

Heroben haben die Professoren und Studenten der Bierfakultät die schattigen Plätze eingenommen, dazu die Freisinger Lokalmatadoren. Angenehm ruhig ist es, statt Abgasen wehen höchstens Duftwolken aus der Mälzerei herüber. Im Bräustüberl wurde übrigens in der 30er Jahren der Obatzde geboren, von der Wirtin *Katharina Eisenreich* persönlich. Also: Was ein rechter Bayer ist, der muss mal hier gewesen sein „am Ursprung des Bieres“ – Ausreden gelten nicht!

SEIT 1040
BAYERISCHE STAATSBRAUEREI
Weihenstephan
ÄLTESTE BRAUEREI DER WELT

85354 Freising-Weihenstephan
Weihenstephaner Berg 10, Tel. (08161) 1 30 04
www.braeustueberl-weihenstephan.de

Wann:
Täglich von 10 - 24 Uhr

MVV:
S 1 Freising, dann 20 Minuten zu Fuß oder Bus 614/615/638

Rad:
2,2 km Hofbrauhauskeller (152)
3 km Plantage (150)
10 km Schloßallee Haag (148)
23 km Mühlenpark (106), über Isarradweg

Parken:
P vorhanden

Sitzplätze:
500; durchweg Holztische

Essen:
Gute Grillhaxn und hausgemachte Bratensülz; Spare Ribs groß oder klein; Geburtsort des Obatzdn

Kinder:
Kein Spielplatz

Plus:
Historie, Lage auf dem Hügel, viele Biersorten

Minus:
Kein Spielplatz

Fazit:
Schöner Garten mit Brauerei-anschluss auf historischem Boden

154 Unser Tipp:

Seit 1000 Jahren
Wer sich für die Geschichte des Biers interessiert, sollte eine Brauerei-Besichtigung einplanen. Bald werden es tausend Jahre, so will ein eifriger Heimatforscher herausgefunden haben, dass hier oben Bier gebraut wird. Mag sein. Sie können die Brauerei allein besichtigen (ca. 70 min) oder die Verkostung mitwählen (ca. 2 Stunden). Leider nur von Mo - Mi um 10 Uhr vormittags, am Dienstag auch um 13.30 Uhr – und nur nach Voranmeldung. Näheres unter: www.weihenstephaner.de

Landgasthof Alter Wirt

Ein stattliches Wirtshaus an der Hauptstraße der Stadt Unterschleißheim: Seit 1578 soll der Alte Wirt bestehen, seit 1923 in der heutigen Gestalt. Einen eigenen Ballsaal hat der Alte Wirt und ein Musikzimmer. Zwischen denkmalgeschütztem Wirtshaus und der alten St. Ulrich-Kirche liegt der gemütliche Biergarten mit Hofcharakter.

Die Schänke ist stilecht; Brotzeitbuden gibt es aber nicht. Alles Essen kommt also aus dem Wirtshaus selbst.

Schade, dass es für die Kinder nur den großen Innenhof zum Spielen gibt.

Augustiner-Bräu München gegründet 1328

85716 Unterschleißheim, Hauptstraße 36
Tel. 37 07 34-0, www.alterwirt-ush.de

Wann:
Täglich von 17 - 23 Uhr

MVV:
S 1 Unterschleißheim,
3 Min. zu Fuß

Rad:
3 km Bergl (108)
4,7 km Schloss Oberschleißheim (110)

Parken:
Ausreichend P im Hof

Sitzplätze:
300; meist Holzgarniturenn

Essen:
Reichhaltige Auswahl, z.B. niederbayerischer Knödelsalat mit Regensburgern; Wirt-Burger mit purem Rind

Kinder:
Kein Spielplatz, nur Innenhof

Plus:
Schöner Hofcharakter unterm Kirchturm

Minus:
Keine Brotzeitstandl; kein Spielplatz

Fazit:
Angenehmer Dorfbiergarten

156 Unser Tipp:

Kleine Badefreuden
Zwei Badeseen tragen Schleißheim im Namen: Zunächst der Unterschleißheimer See, mit Beachvolleyball, kinderfreundlichem Sandstrand und Seewirt. Wegen des nahen Naturschutzgebietes sind Hunde hier verboten.
Interessant ist der Oberschleißheimer See, nur 200 Meter von der Regattastrecke entfernt, auf der 1972 die olympischen Ruderwettbewerbe ausgetragen wurden. Wer direkt im Regattasee plantscht, bitte auf pfeilschnelle Achter vom angeschlossenen Leistungszentrum aufpassen.

Schlosswirtschaft Mariabrunn

Natur, Kirche, Brauerei, Ruhe – das sind die stärksten Eindrücke von diesem Traumbiergarten am Waldrand mit angeschlossener Brauerei. Schon die Anfahrt über die Allee und hinein in den weiten, alten Hof ist stark. Er diente schon als Filmkulisse. Am Abend, wenn die Wallfahrtskirche angestrahlt ist und der Biergarten stimmungsvoll leuchtet, ergibt sich nochmal ein ganz anderes Bild – südliches Flair im architektonisch einmaligen Ensemble. Das Bier „nach herkömmlicher Art" schmeckt vorzüglich.

Riesenkastanien schirmen die Holztische. Herrlich auch die Aussicht: Vom Hügel hinterm Biergarten noch 300 Meter weiter bis zu einem schattigen Bankerl gegangen, öffnet sich der Blick auf weites Bauernland, München, Berge. Unbandig!

85244 Röhrmoos, Gut Mariabrunn 3
Tel. (08139) 86 61, www.schlosswirtschaft-mariabrunn.de

Wann:
Täglich 12 - 23 Uhr
Wochenende und feiertags schon ab 11 Uhr

MVV:
S 2 Röhrmoos

Rad:
10 km Schloss Oberschleißheim (110)

Parken:
Ausreichend

Sitzplätze:
800; meist fest installierte Holztische

Essen:
Wechselnde Brotzeiten, von der Bedienung oder selber mitbringen. Spezialität: Mariabrunner Braten; manchmal Steckerlfisch

Kinder:
Großer Spielplatz, z.T. einsehbar, viel Auslauf

Plus:
Schönste Lage, sehr ruhig, urig

Minus:
Pfand auf Gläser und Krüge

Fazit:
Einer der schönsten aller Biergärten

158 Unser Tipp:

Bayerisch-Italien
Im Jahr 1662 wurde *Georg Schlairböck*, als er von einer Quelle im Wald trank, ganz wundersam von seinem Gebrechen geheilt. Die barocke Wallfahrtskirche wurde errichtet, die den Biergarten überragt. Sie wirkt so italienisch im bayerisch-ländlichen Brauereihof – und es passt ganz famos zusammen!

Räuber-Kneißl-Garten

Ein ganz ein verruchter Mörder soll er gewesen sein, der Räuber *Kneißl* mit seinem Schießgewehr (s. Tipp). Und heutzutag trinkt man in seinem Garten Bier, am besten das Kneißl-Dunkle, nebenan frisch gebraut.

Geben Sie bei der Anfahrt nicht zu früh auf, der Garten versteckt sich hinter der Brauerei. Und beim Anmarsch vom Parkplatz geben Sie nicht schon an der Handvoll Freilufttische des Bräustüberls auf, gehen Sie noch über den Brauereihof zum Biergarten. Hier läßt sich ein ruhiger Abend verbringen. Ab und zu bietet der Kneißl-Garten Musik wie zum Beispiel einen Hoagascht.

Nicht vergessen: das Räuber-Kneißl-Museum im Keller des Wirtshauses mit vielen Originalstücken. Man kann den Museumssaal auch für einen feuchtfröhlichen Räuberabend mieten.

BRAUEREI MAISACH

PRIVATBRAUEREI J. SEDLMAYR

82216 Maisach, Hauptstraße 24
Tel (08141) 9 42 10, www.wirtshaus-maisach.de

Wann:
Mo - Fr 16 - 23 Uhr
Sa/So, feiertags ab 11 Uhr

MVV:
S 3 Maisach

Rad:
4 km Brauhaus Bruck (162)

Parken:
P an der Brauerei

Sitzplätze:
350; fest installierte Holztische

Essen:
Übliche Auswahl, z.B. Schweinsbraten

Kinder:
Schöner Spielplatz, gut einsehbar

Plus:
Brauereibiergarten, süffiges Kneißl-Dunkel, naturtrübes Kellerbier, gekühlte Maßkrüge

Fazit:
Idyllischer Dorfbiergarten

160 Unser Tipp:

Der Räuber Kneißl
Mathias Kneißl, Räuber, Mörder und Volksheld, geboren 1875 in Unterweikertshofen nördlich von Maisach und aufgewachsen in der Schachermühle bei Sulzemoos, erschoss 1900 in Irchenbrunn bei Altomünster zwei Gendarmen. Er tauchte in den Wäldern rund um Maisach unter und avancierte zum bayerischen Robin Hood. *„Kneißl"* hieß das Motto vieler Bälle im Fasching 1901, bevor er in Geiselhausen gefasst wurde. Zur Henkersmahlzeit schluckte er sechs Maß Bier.

Brauhaus Bruck

Ausserhalb seines Heimatorts wenig bekannt ist dieser historische Biergarten, angelegt bereits 1840 als „Sommerbier-Keller des Marthabräu". Und *Marthabräukeller* hieß der Garten früher, firmiert jetzt aber unter dem Namen *Brauhaus Bruck.* Hier wird das königliche Kaltenberg-Bier gebraut, nur das König-Ludwig-Dunkle und das dunkle Weißbier kommen noch aus Schloß Kaltenberg selbst.

Den „Seitensprung" nach Fürstenfeldbruck propagiert die selbsternannte Schlossbrauerei nicht so gern und deshalb fehlt hier auch der ganze Zinnober, der in Kaltenberg veranstaltet wird. Das tut dem Biergarten mit seinem herrlichen Kastaniendach nur gut, das Publikum ist einheimisch, die Preise zivil. Schade nur, dass die Autos kaum einen halben Meter vom Biertisch parken.

Kaltenberg
BIER VON KÖNIGLICHER HOHEIT

82256 Fürstenfeldbruck, Augsburgerstraße 41
(Eingang: Marthabräustraße), Tel. (08141) 2 54 90
www.brauhaus-bruck.de

Wann:
Täglich 11 - max. 23 Uhr

MVV:
S 4 Fürstenfeldbruck
Bus 839 Kapellenstraße

Rad:
Vom Räuber-Kneißl-Garten (160) über Bruckerstraße oder vom Alten Wirt Etterschlag (170) über Mauern, Schöngeising (166) nach FFB (13 km)

Parken:
Direkt am Biergarten; großer P auf der Wiese gegenüber

Sitzplätze:
600; meist fest installierte Holztische

Essen:
Neue Brotzeithütte mit vielen kleinen Brotzeiten; mittags weniger Angebot

Kinder:
Kleiner Spielplatz, gut einsehbar

Plus:
Schattig, preiswert
Kellerbier naturtrüb „Geheimtipp"

Minus:
Parken direkt am Zaun

Fazit:
Brauerei-Biergarten mit bodenständigen Preisen

162 Unser Tipp:

Festsaison
Am Brucker Brauhaus steigen gleich zwei größere Volksfeste im Biergartenjahr: Anfang Mai das Frühlingsfest und Anfang Juli das Volksfest, das gleich zehn Tage lang dauert. Aus ist's dann mit der Ruhe, hier steppt der Brucker Bär! Leider entfällt dann auch die große Parkmöglichkeit auf der Festwiese.

Fürstenfelder

Der Biergarten im Kloster Fürstenfeld hat seit 2002 für uns geöffnet. Hier sitzen wir unter einem Riesenbaum und einigen halbstarken Exemplaren. Trotzdem ist es schön und ruhig hier, wir genießen den freien Blick aufs Kloster Fürstenfeld mit schönstem bayerischen Barock (siehe Tipp).

Viel weniger überlaufen ist's als im Kloster Andechs. Es gibt ja auch kein selbstgebrautes Bier, schon mangels Mönchen, denn das Kloster ist nicht mehr in Betrieb. Dafür können wir unter diversen Biersorten wählen. Neben Paulaner gibt es z.B. Unertl und Riedenburger Dunkel. Schön, dass Bier und Klosterbau wieder zusammengefunden haben!

Ruhig ist es hier im weiten Klosterareal. Nur sonntags erklingt öfter mal Live-Musik. Dienstagnachmittags und samstagvormittags: Bauernmarkt.

Und am Wochenende – Klosterlounge. Sitzen wie im Freiluftwohnzimmer mit Bar und Klosterblick.

PAULANER

Feinste Münchner Braukunst seit 1634

82256 Fürstenfeldbruck, Fürstenfeld 15
Tel. (08141) 8 88 75-0, www.fuerstenfelder.com

Wann:
Mo - Fr 17 - 23 Uhr
Sa/So ab 11 Uhr

MVV:
S 4 Fürstenfeldbruck
Bus 845 Fürstenfeld

Rad:
1,5 km Brauhaus Bruck (162)
6 km Zum Unter'n Wirt (166)
10 km Dampfschiff (168)

Parken:
Großer P anbei

Sitzplätze:
500; durchweg Holz

Essen:
Viel Bio wie Ökofleisch von Bioland, Spezialität: Bayerische gerollte, gefüllte Pfannkuchen, hausgemachte Bratensülz
Am Wochenende erweitertes Angebot

Kinder:
Spielplatz, eingezäunt, aber schlecht einsehbar, große Spielwiese

Plus:
Lage am Kloster

Minus:
Bäume müssen noch wachsen

Fazit:
Neuer, schöner Garten in historischer Anlage

164 Unser Tipp:

Kloster Fürstenfeld
Im Jahr 1256 verdächtigte Bayernherzog *Ludwig der Strenge* seine Gemahlin der Untreue und betrieb die Schnellscheidung mit dem Schwerte. Zur Sühne für die vorschnelle Tat stellte uns der Halsabschneider das Kloster Fürstenfeld hin, das heute mit seiner Barockkirche glänzt, einem 80 Meter langen Monumentalbau mit prächtigen Innereien unter anderem von den Gebrüdern *Asam*. Hinterm großen Parkplatz, direkt an der Amper, wird uns im neuen Hochseilgarten schwindlig.

Gasthof zum Unter'n Wirt

Der Biergarten bietet ein Flussbad in der grünen Amper – das ist mal ein ganz anderes Gefühl als in den üblichen Badeseen. Der Untere Wirt wirkt deshalb auch nicht wie einer der Badeseebiergärten mit Kioskcharakter, in denen hauptsächlich Steckerleis verkauft wird. Es handelt sich vielmehr um ein gestandenes Wirtshaus mit uriger Gaststube – und mit Badeanschluss. Leider haben die Essensbuden unter der Woche zu, sie sperren nur am Wochenende auf.

Ideal erreichbar ist der Biergarten auch per Schlauchboot auf der Amper, siehe Tipp. Oder als Ziel einer Wanderung durch die Amperauen.

82296 Schöngeising, Kirchstr. 2
Tel. (08141) 1 27 49, www.zumunternwirt.de

Wann:
Täglich 10 - 23 Uhr
SB nur am Wochenende offen

MVV:
S 4 Schöngeising,
dann 25 Min. zu Fuß

Rad:
6 km Dampfschiff (168)
6 km Kloster Fürstenfeld (164)

Parken:
Ausreichend P
direkt am Biergarten

Sitzplätze:
450; teils Tische, teils Garnituren

Essen:
Unter der Woche nur Speisekarte; am Wochenende Obatzda, Wurstsalat, Schweinsbraten

Kinder:
Badegelände, Klettergerüst, Schaukel, Slackline, alles gut einsehbar

Plus:
Lage samt Freizeitangebot

Minus:
Selbstbedienung nur am Wochenende offen

Fazit:
Badegelände mit Biergarten – oder umgekehrt?

166 Unser Tipp:

Ammer und Amper
Die Amper ist einer der wenigen Flüsse, die unterwegs ihren Namen ändern – bis zum Ammersee ist es die Ammer, danach die Amper. Die Ammer bietet wildromantische Schluchten, die Amper ist zu einem großen Teil schlauchboottauglich. Nähere Infos dazu unter www.kanu-info-isar.de. Ruhiger geht es für Wanderer im Naturschutzgebiet Amperauen zu. Bis hinunter nach Dachau kann, wer mag, dem Lauf des beschaulichen Flusses folgen.

Dampfschiff

Ein kleiner Biergarten in herrlicher Lage an der Amper bei Grafrath. Gleich hinter der hölzernen Gartenterasse wird's hier richtig zünftig.

Dort befand sich seit 1880 die Anlegestelle eines Dampfschiffs – daher der Name. Damals gab es keine Bahnlinie nach Herrsching und so strömten die Münchner Ausflügler vom Bahnhof Grafrath zur Amper, um sich von hier das Stückchen zum Ammersee nach Stegen schippern zu lassen. Ausflüge machen bekanntlich durschtig und so eröffnete schon damals das Wirtshaus zum Dampfschiff. Das währte bis 1939, dann wurde die Ausflugslinie eingestellt, der Biergarten verdämmerte.

Seit ein paar Jahren hat der Wirt den Laden wieder hochgebracht – eine schöne Station auf dem Weg zum oder vom Ammersee. Zumeist sonntags spielt mittags/nachmittags bei schönem Wetter Live-Musik. Und das muss kein Jazz sein, es kann auch dampfender Zydeco aus den Sümpfen von Louisiana sein. Wenn das nicht zu Sommer und Wasser passt!

J. W.
Augustiner-
Bräu München
gegründet 1328

82284 Grafrath, Graf-Rasso-Straße 40
Tel. (08144) 13 14, www.dampfschiff.com

Wann:
Mo - Do 15 - 23 Uhr,
Fr ab 13 Uhr,
Sa ab 11 Uhr, So ab 10 Uhr

MVV:
S 4 Grafrath, 1 km vom Bahnhof

Rad:
6 km Zum Unter'n Wirt (166)
6 km Alter Wirt Etterschlag (170)
8 km Seehaus Schreyegg (172)
8 km Fischer (174)
10 km Kloster Fürstenfeld (164)

Parken:
Ausreichend P am Biergarten

Sitzplätze:
400; fast durchweg Holzgarnituren

Essen:
Übliche Auswahl; zu empfehlen:
Hendl, Do - So Steckerlfisch

Kinder:
Großer Spielplatz in schöner Lage, gut einsehbar

Plus:
Schöne Lage, einmalige Historie, günstige Preise

Minus:
Alles beschirmt

Fazit:
Schönes, längst vergessenes Stück „Heimatkunde"

168 Unser Tipp:

Auf Mooskuhs Spuren
Das Dampfschiff von Grafrath zum Ammersee nannte man scherzhaft „Mooskuh", weil das Schiff durchs Ampermoos fuhr. Heute haben wir keine Mooskuh mehr, wir müssen schon selber strampeln. Am besten mit der S4 nach Grafrath, dann geht es per Rad übers Dampfschiff und weiter an der Amper entlang auf Radweg und Straße via Eching nach Stegen am Ammersee mit Badegelände und den nächsten Biergärten (172 und 174). Wer noch Kraft hat, fährt weiter zur S 8 nach Herrsching.

Alter Wirt Etterschlag

Viele Münchner kennen Etterschlag noch als lästigen Ampelhalt unterwegs zu Ammer- oder Bodensee. Durch den Autobahntunnel ist das Bauerndorf Etterschlag von der Blechlawine befreit. Der Wirt hat die alte Ampel, den Schrecken der Reisenden, in den Garten gestellt.

Köstlich das kühle Kastaniendach nach dem Gifthauch der Straße, ein richtiger Dorfbiergarten mit festen Holzbänken und einem kleinem Spielplatz. Wochentags öffnen die Buden erst ab 17 Uhr, wer eher kommt, holt sich das Bier drinnen oder lässt sich auf der Terrasse ein preiswertes „Handwerker-Essen" servieren. Alle Fleischgerichte sind erste Wahl, der Wirt ist schließlich Metzger. Weltklasse aber sind die Spare Ribs, die müssen Sie einfach probieren! Wenn die Biergarten-Ampel auf grün springt, ist die nächste Lage Ribs fertig! Was wir nicht verstehen: Für antialkoholische Getränke wird 1 Euro Pfand fällig.

Kaltenberg
BIER VON KÖNIGLICHER HOHEIT

82237 Etterschlag, Inninger Straße 6
Tel. (08153) 82 82, www.alter-wirt-etterschlag.de

Wann:
Di - Fr 17 - 23 Uhr
Sa ab 14 Uhr
So und feiertags ab 12 Uhr
Mo Ruhetag

MVV:
S 8 Seefeld-Hechendorf, dann
Bus 952 Etterschlag

Rad:
Von Weßling (S 8) kleine
Straße und Radweg an der B 12;
6 km Dampfschiff (168)
6 km Seehaus Schreyegg (172)
10,5 km SeePost (178)
13,5 km Alte Villa (180)

Parken:
Vor dem Haus, sonst auf der Straße;
A 96 Lindau, Ausfahrt Wörthsee

Sitzplätze:
500; meist fest installierte Holztische

Essen:
Rinderlende vom Grill,
Bratwürscht aus eigener
Metzgerei; alle Salate hausgemacht; exzellente Spare Ribs!

Kinder:
neuer, schöner Spielplatz,
gut einsehbar

Plus:
Sehr schattig, Lage
im Bauerndorf

Minus:
Limo und Wasser im
Plastikbecher mit Pfand

Fazit:
Schöner Dorfbiergarten
mit gutem Essen

170 Unser Tipp:

Zum Jexhof
Wenn kein Badewetter in den nahen Wörthsee lockt, dann freuen sich Große und Kleine über das Bauernhofmuseum Jexhof zwischen Schöngeising und Mauern. Mal schauen, ob die oide Zeit wirklich so guad war. Offen Di - Sa 13 - 17 Uhr, So und Feiertag 11 - 18 Uhr. Eintritt 3 €, Kinder 1,50 €. Spezielle Angebote wie Dengelkurs oder Führung zu den Toteislöchern ...

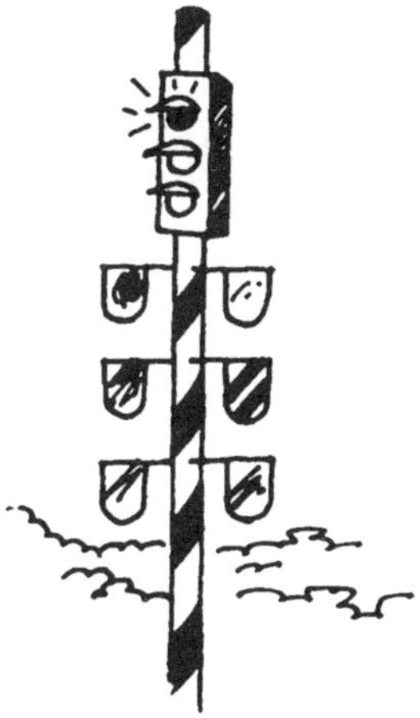

Seehaus Schreyegg

Innen ein nobles Lokal, draußen aber ein bodenständiger Biergarten ohne Besonderheiten, wenn da nicht die Lage wäre: Wie bei seinem Münchner Pendant stehen die Tische vom Seehaus direkt am Ufer. Vom Nordende des Ammersees geht der Blick übers Wasser bis weit hinein in die Berge. Der Schondorfer Zwiebelturm grüßt herüber, ansonsten Grün soweit das Auge reicht.

Selbstbediener finden am „Fenster zum See“ seitlich am Restaurant Verköstigung. Geheimtipp ist der Steirische Wurstsalat. „Geselligkeit pur“ ab 10 Personen, das „Special für Freunde“ mit 20-Liter-Holzfass und Brotzeiten gibt es gegen Vorbestellung.

Obwohl die Lindauer Autobahn gleich in der Nähe vorüberrauscht, erreicht man Stegen besser auf schönen Rad- und Wanderwegen von Steinebach am Wörthsee über Inning oder von Grafrath über Eching.

Wenn das Wetter passt, hat das Seehaus – auch hier ganz der Bruder des Münchner Exemplars – fast das ganze Jahr offen.

Himmel der Bayern
Hacker-Pschorr
MÜNCHNER BRAUTRADITION
SEIT 1417

82266 Stegen am Ammersee, Landsberger Straße 78
Tel. (08143) 99 25 37, www.seehaus-schreyegg.com

Wann:
Bei schönem Wetter ganzjährig
Täglich 10 - 23 Uhr

MVV:
S 4 Grafrath; Bus 804 Stegen; Bus 952 von Gilching S-Bahn

Rad:
0,2 km Fischer (174)
4,5 km SeePost (178)
6 km Dampfschiff (168)
6 km Alter Wirt Etterschlag (170)
7,5 km Alte Villa (180)
8,5 km Emminger Hof (176)

Parken:
Kleiner P vorhanden,
oder auf der Straße

Sitzplätze:
600; durchweg Holzgarnituren

Essen:
Übliche Brotzeiten;
Steirischer Wurstsalat; „Freunde-Special", Spare Ribs

Kinder:
Kleiner Spielplatz,
gut einsehbar

Plus:
Blick über den ganzen See;
am späteren Abend sehr ruhig

Minus:
Schirme

Fazit:
Unscheinbare Einkehr in Traumlage

172 Unser Tipp:

Per Dampfer zum Biergarten

Steht das Auto am Biergarten, trinkt man meist mehr als man darf, aber weniger als man will. Warum nicht gemütlicher vom S-Bahnhof Herrsching rechtshaltend zur Dampfer-Anlegestelle gehen und dann über den See nach Stegen zum Biergarten schippern?
Am Wochenende ist allemal Zeit dazu, die Kleinen freut's sowieso und die Großen, Hand aufs Herz, kaum weniger. Leider heißt es früh wieder aufbrechen, denn der letzte Dampfer zurück geht ziemlich früh.

Fischer

Der Fischer in Stegen am Ammersee ist eine beliebte Ausflugadresse. Wir nehmen direkt am Ufer Platz und schauen tief, wenn nicht gerade in die Maß Augustiner, dann in die Alpen mit Zugspitze und Ammergauer Bergen. Hier ist Sommerfrische pur, es gibt Liegestühle, eine Strandbar, einen Bootsverleih im Biergarten selbst (siehe Tipp) und die Landungsbrücken der Ammersee-Flotte gleich nebenan.

Richtiges Badegelände – für ein paar Züge der anderen Art – lockt etwas die Straße hinab am See Richtung Inning. Für alle ist also etwas geboten. Die nahe Autobahn spült an Badewochenenden viele aus der großen Stadt Zuagroaste an den Ammersee. Das führt zu nicht unerheblichem Parksuchverkehr am Wirtshaus-Boulevard von Stegen, an dem gleich neben dem Fischer das Seehaus Schreyegg (172) liegt. Nach Sonnenuntergang, wenn sich die Lage in Stegen beruhigt und in der Ferne ein Kanufahrer durchs spiegelglatte Wasser zieht, dann möchten wir nimmer aufstehen und am liebsten nie mehr zurück in die Stadt.

Augustiner-Bräu München gegründet 1328

82266 Stegen am Ammersee, Landsberger Straße 79
Tel. (08143) 44 76 55, www.fischer-ammersee.com

Wann:
Täglich 10 - 24 Uhr

MVV:
S 4 Grafrath; Bus 804 Stegen; Bus 952 von Gilching S-Bahn

Rad:
0,2 km Seehaus Schreyegg (172)
4,5 km SeePost (178)
6 km Dampfschiff (168)
6 km Alter Wirt Etterschlag (170)
7,5 km Alte Villa (180)
8,5 km Emminger Hof (176)

Parken:
Großer P gegenüber, kostenpflichtig, sonst an der Straße

Sitzplätze:
250; durchweg Holztische

Essen:
Spieße aller Art vom Smoker (gusseiserner Barbecuegrill) mitten im Garten; sonntags Spanferkel vom Grill

Kinder:
Bootssandkasten unter den alten Bäumen, gut einsehbar

Minus:
Chill-Out- und Relax-Area breiten sich aus, nur noch 25 Biertische

Plus:
Lage am Ufer, später am Abend angenehm ruhig

Fazit:
Biergarten mit Riviera-Flair

174 Unser Tipp:

Mit Ruder- und Schlauchboot

Bier- und Ruderbänke kommen beim Fischer aus einer Hand, denn im Biergarten selbst können wir uns Boote für eine Partie im ruhigen Nordteil des Ammersees leihen. Durchtrainierte können im Schondorfer Biergarten (178) zwischenlanden. Wer ein eigenes Schlauchboot hat, dem empfiehlt der Wirt eine Tagestour, die Amper hinab. Vorbei am Biergarten Dampfschiff (168) kommt man zum Kloster Fürstenfeldbruck mit dem Biergarten Fürstenfelder (164).

Emminger Hof

Andechs kennt jeder, aber den Emminger Hof in der Erzabtei St. Ottilien? Dabei ist das der westlichste aller Biergärten und somit eine Art Missionsstation als bajuwarische Speerspitze gegen das Schwabenland.

Uralte Klosterbauten gibt es hier zwar nicht, die Abtei besteht erst seit gut 100 Jahren, doch das Areal ist weitläufig und lädt zu einem Spaziergang ein. Grandios ist der Blick vom Vorplatz der Abteikirche über die Klostergärtnerei ins Gebirg.

Der Biergarten ist im unteren Teil, mit den festinstallierten Tischen durchaus griabig – mit Blick in den Gemüsegarten. Manches muss sich noch einwachsen, Klöster denken eben in anderen Zeiträumen als wir freizeitgestressten Schnappatmer. Bayerns angeblich größter Biergartengrill zum Selbergrillen wird von Donnerstag bis Sonntag ab 17 Uhr angeheizt – das Fleisch muss man allerdings beim Wirt kaufen. Gebraut wird hier leider nicht, man greift daher auf den Sud der Andechser Mitbrüder und der nahen Kaltenberger Königsfamilie zurück. Recht so, uns gfällt's!

Kloster Andechs seit 1455 Kaltenberg Bier von königlicher Hoheit

86941 St. Ottilien
(08193) 52 38, www.emminger-hof.de

Wann:
Täglich 9 - 23 Uhr

MVV:
S 4 Geltendorf, 15 Min. zu Fuß; Halt der Bahnlinie Augsburg - Weilheim („schönster Bahnhof Bayerns")

Rad:
8,5 km Fischer (174)
8,5 km Seehaus Schreyegg (172)
9 km SeePost (178)

Parken:
Großer P am Biergarten

Sitzplätze:
800; meist festinstallierte Holztische

Essen:
Große Auswahl im „Biergarten-haus"; Produkte vom Klostergut mit ökologischem Anbau; Holz-kohlen-Grill zum Selberbraten, Sa/So Steckerlfisch

Kinder:
Großer, schattiger Spielplatz

Plus:
Schöne Lage im Klosterareal, günstige Preise

Minus:
Bisserl kahl ist's noch

Fazit:
Vorposten in einmaliger Umgebung

176 Unser Tipp:

Missionsmuseum
Das klösterliche Missionsmuseum zwischen Abteikirche und Klosterpforte wurde 1911 als „Afrikamuseum" eingerichtet und birgt allerlei Schätze aus dem weltweiten Wirken der Missionsbenediktiner wie naturwissenschaftlich-ethnologische Sammlungen aus Ostafrika, Zululand oder Fernost mit vielen präparierten Wildtieren. Sehenswert ist auch das afrikanische Tierpanorama. Im Sommer offen von 10 - 12 und 13 - 18 Uhr.

SeePost

Wo früher die behäbige Schondorfer Postwirtschaft stand, öffnete 2005 die SeePost, direkt an Ammerseeufer und Dampfersteg. Auf halbem Weg zwischen den Klassikern Etterschlag (170) und Alte Villa (180) werden Radlern garantiert die Beine schwer: Bier, Brotzeit und Bergblick kann man nicht einfach links liegen lassen.

Was an einem historischen Wirtschaftsstandort nicht fehlen darf: Die Dorfkirche gleich nebenan. Besonders schön ist das abends, wenn der Kirchturm angestrahlt wird.

Langsam nehmen auch hier die Lounge-Möbel überhand, dafür entschädigen aber allemal die traumhafte Lage und die alteingewachsenen Bäume. Lang hat die SeePost abends auf, sehr lang sogar für einen Landbiergarten. Wer tagsüber kommt, mag den nahen Bootsverleih in Anspruch nehmen („Tretbadeboote“) oder gleich den Ammerseedampfer, der uns via Herrsching an die S-Bahn anbindet. Bei gutem Wetter spielt sonntags Bier-Jazz auf.

Empfehlenswert ist die Post auch früh oder spät im Jahr, wenn sich die weiß überzuckerten Karwendelgipfel im See spiegeln.

LÖWENBRÄU

86938 Schondorf am Ammersee
Bahnhofstraße 2 (direkt am Dampfersteg)
Tel. (08192) 93 37 53, www.seepost-ammersee.de

Wann:
Täglich 11 - 24 Uhr

MVV:
S 4 Geltendorf, dann Regionalbahn nach Schondorf
S 8 Herrsching, Dampfer nach Schondorf

Rad:
3 km Alte Villa (180)
4,5 km Fischer (174)
4,5 km Seehaus Schreyegg (172)
9 km Emminger Hof (176)
10,5 km Alter Wirt Etterschlag (170)

Parken:
Im Hof und an der Straße, begrenzter Platz

Sitzplätze:
450; überwiegend Holzgarnituren

Essen:
Moderne Brotzeitstandl; Tagesgericht; Steckerlfisch

Kinder:
Kleiner Spielplatz im Biergarten, große Kogge gegenüber in den Seeanlagen

Plus:
Lage am See

Minus:
Auf den ersten Blick Restaurant-Charakter

Fazit:
Schöner Biergarten mit Fernblick an klassischer Stelle

178 Unser Tipp:

Jakobsweg
Neben Biergartenjüngern gibt's in Bayern auch noch richtige Pilger und für die ist die SeePost willkommene Einkehr auf dem Jakobsweg nach Santiago de Compostela in Spanien. Wem das zu weit ist, der richte seine Schritte in die uralte, romanische Jakobskirche gleich neben dem Biergarten. Dafür gibt's dann aber keinen Stempel wie für die richtigen Pilger, die sich die Zwischenstation im Biergarten bestätigen lassen können.

Alte Villa

Das Prädikat des westlichsten Biergartens überhaupt hat die Alte Villa inzwischen abtreten müssen, aber das nimmt ihr nicht den unbandigen Reiz: Wer aufs Ufermäuerchen steigt, blickt übers Schilf auf die Weite des Ammersees, und dahinter tut sich lichtblaues Gebirg auf.

Sonn- und feiertags, manchmal auch samstags lädt die Villa zum Jazz-Frühschoppen. Statt Eintritt wird die Maß dann 1 Euro teurer – die benachbarte SeePost in Schondorf verlangt uns bei Musik keinen Extra-Obolus ab. Das Badegelände liegt gleich in der Nähe, und wenn es zu heiß wird, genießen wir die Holzbänke im Park umso mehr. Wie schön, dass die Bänke nicht im Karree ausgerichtet sind, sondern sich dem Gelände anpassen.

Ruhig, weitläufig und überaus schattig ist es hier, ein kleiner Teich erfreut das Auge. Die Brotzeiten sind preiswert, gar nicht zu vergleichen mit den Preisen des noblen Restaurants in der Villa selbst. Die Essensstandl werden auch bei Kaiserwetter mit dem Andrang fertig.

Kurz: Ein herrlicher, ein würdiger Vorposten im fernen Westen von Biergartenland!

Kaltenberg
BIER VON KÖNIGLICHER HOHEIT

86919 Utting am Ammersee, Seestraße 32
Tel. (08806) 53 44 56, www.alte-villa-utting.de

Wann:
Täglich 11 - 22.30 Uhr

MVV:
S 8 Herrsching, dann Dampfer

Rad:
Am See meist Straßen;
3 km SeePost (178)
7,5 km Fischer (174)
7,5 km Seehaus Schreyegg (172)

Parken:
Zufahrt von der Straße zwischen Schondorf und Utting beschildert, P vor dem Campingplatz, 5 Min. zu Fuß

Sitzplätze:
800; durchweg Holztische

Essen:
Kalte Brotzeiten preiswert; Buden mit warmem Essen nach Andrang geöffnet; Freiluftgrill für Steaks, Spare Ribs, Spieße, Gemüse usw.

Kinder:
Spielplatz gut einsehbar, viel Auslauf

Plus:
Ruhe, viel Platz, idyllische Lage am See

Minus:
Bier wird bei Musik um 1 Euro teurer

Fazit:
Bestnoten für diesen Ausflugsbiergarten!

807 Unser Tipp:

Hochseilakt
Im Freizeitgelände in Utting am Ammersee verspricht der Hochseilgarten „Kribbeln vom Scheitel bis zur Sohle“. Sicher angeleint geht es hier auf Kletterbäume, über wackelige Seilbrücken oder auf das Piratenschiff. Wer mindestens 130 cm Körpergröße vorweist und nicht mehr als 120 Kilo wiegt, darf „über sich hinauswachsen“. Kinder nur in Begleitung eines Erwachsenen. Voranmeldung nicht nötig. Feste Schuhe mitbringen. Einlass jeweils zur vollen Stunde. Mehr unter www.hochseilgarten-ammersee.de

Seehof Herrsching

Ein Biergarten am Ammersee mit Postkartenblick und Landungsbrückenflair, wenn *Diessen* und *Herrsching* gleichzeitig festmachen. Die Seepromenade führt mitten durch den Biergarten. Zuweilen ignorieren auch Radler und Inline-Skater das Fahrverbot. Besonders am Wochenende wird es direkt am Dampfersteg sehr voll. Wohl wegen dieses Auftriebs knöpft uns der Wirt Pfand für Krüge und Teller ab. Dafür kann man dann ausgiebig Leut schaun.

Das Panorama sorgt für Ausflugsatmosphäre, der See oft für eine kühlende Brise. Nachmittags herrscht Kaffee-und-Kuchen-Publikum vor, abends spricht man dann lieber dem Saisonbier zu.

Sogar im Winter finden wir hier Tische am Seeufer – da bleibt uns nur noch auf einem Föhntag zu hoffen.

HB MÜNCHEN

82211 Herrsching, Seestraße 58
Tel. (08152) 93 50, www.seehof-ammersee.de

Wann:
Selbstbedienung täglich
11 - 22 Uhr
Manchmal sogar im Winter offen

MVV:
S 8 Herrsching

Rad:
1 km Post Herrsching (184)
5 km Andechs (186, 188)
9 km Seehaus Schreyegg (172)
9 km Fischer (174)

Parken
P nur vor dem Haus

Sitzplätze:
600; großteils Holztische

Essen:
Forelle frisch zubereitet
Übliche Auswahl an kalten und warmen Speisen, Haxn

Kinder:
Spielplatz am Haus, einsehbar

Plus:
Lage am See; viele Ausflugsmöglichkeiten; auch im Winter Biergartenbetrieb

Minus:
Durchgangsweg führt durch den Biergarten, Sommerfrischler-Architektur

Fazit:
Ausflugsgarten mit Dampferanschluss

182 Unser Tipp:

Herrschinger Tanzlmusi
Am Wochenende bietet der Seehof am Nachmittag echte Tanzmusi, also nicht das Kuhglockengemoike aus dem Musikantenstadl, sondern echte Volksmusik von Musikanten aus dem Fünfseenland, dafür garantiert der Wirt *Peter Reichert*. Der steht schon mal abends auf dem Steg und trompetet *Wenn bei Capri die rote Sonne im Meer versinkt* in den Sonnenuntergang.

Zur Post Herrsching

Ein uralter Biergarten mit – wie es heißt – 400 Jahre alten Kastanien erwartet uns hier in Herrsching. Eine Oase mit herrlichem Blätterdach nach all dem Getümmel unten am See und oben in Andechs.

Wir kennen die Post noch als das Reich resoluter Bedienungen, und drum hatten wir den Garten auf dem Fußweg nach Andechs meist auch stracks durchquert. Inzwischen hat aber das Biergarten-Konzept gesiegt und wir bleiben gerne hier am rauschenden Kienbach hocken. Der Webseite entnehmen wir, wann es hier Live-Musik gibt wie Blues, Jazz oder Rock'n'Roll.

Für müde Andechsheimkehrer bietet die Post im Garten ein Salettl mit 40 Plätzen.

Augustiner-Bräu München gegründet 1328

82211 Herrsching, Andechsstraße 1
Tel. (08152) 39 62 70, www.hotelzurpost-herrsching.de

Wann:
Täglich 11 - 22 Uhr

MVV:
S 8 Herrsching, von dort in gut fünf Minuten am Fußweg Richtung Andechs

Rad:
1 km Seehof (182)
5 km Andechs (186, 188), steil
9 km Seehaus Schreyegg (172)
9 km Fischer (174)

Parken:
Eigener P und auf der Straße

Sitzplätze:
300; durchweg Holztische

Essen:
Übliche Auswahl;
Südtiroler Speck, Kaminwurzn, Spare Ribs und der 220 g Postburger

Kinder:
Spielplatz, gut einsehbar

Plus:
Ruhige Lage am Bach, alte Kastanien

Minus:
Großteils Brauerei-Bestuhlung, wenig Bierbänke

Fazit:
Schattige Rast im ältesten Biergarten weit und breit

184 Unser Tipp:

Durch die Todesschlucht
Herrsching bietet sich natürlich an für eine Schifferlfahrt auf dem Ammersee.
Genausogut können wir aber unseren Ranzen schnüren und in gut einer Stunde den Berg nach *Andechs* (186, 188) erklimmen, eine wunderschöne Wanderung durchs wildromantische Kiental. Und wie das Bier dann erst schmeckt! Aber Vorsicht: Mancher allzu forsche Möchtegern-Alpinist hat seine Kühnheit bereits mit dem Todessturz in die dräuende Schlucht bezahlt.

Kloster Andechs Bräustüberl

Beschauliche Einkehr brauchen Sie hier nicht zu erwarten, dafür sorgen schon der Parkplatz und die vielen Busladungen aus nah und fern. Sind die Scharen einmal den steilen Berg hinauf, finden sie im Hofkarree Schatten unter den vielen Schirmen. Den sonst üblichen Biergartenkies findet man hier nicht, es ist alles gepflastert.

Die Essensausgabe ist perfekt durchrationalisiert, der Bergbock kommt aus dem Container, den berühmten Doppelbock gibt's nun auch im Sommer wieder. Die Klosteroberen wollten Andechs aus seinem Herrgottswinkel herausholen und wieder zum Zentrum des geistigen und kulturellen Leben machen. Wie den Spagat schaffen zwischen mönchischer Askese und dem prallen bayerischen Leben? Das fragen wir uns auch bei einer knusprigen Schweinshaxn und einer süffigen Maß.

82346 Erling-Andechs, Bergstraße 2
Tel. (08152) 37 60, www.andechs.de

Wann:
Täglich 10 - 20.45 Uhr
Ausschank bis 20 Uhr
Weihnachten, Neujahr und Karfreitag geschlossen

MVV:
S 8 Herrsching, Bus 951 vom Bahnhof, fährt selten, letzter Bus zurück gegen 20 Uhr

Rad:
Radweg (nicht ganz durchgehend) von Starnberg über Perchting (14 km)
5 km Zur Post Herrsching (184)
6 km Seehof Herrsching (182)
12 km Tutzinger Biergarten (194)

Parken:
Riesen P am Fuß des Klosterberges

Sitzplätze:
2500; durchweg Holztische

Essen:
Übliche Auswahl
Gerühmte Haxn, Bergkäs

Kinder:
Großer Abenteuer-Spielplatz weiter unten am Klostergasthof, nicht einsehbar

Plus:
Herrliche Lage, zahlreiche Spaziergänge, stets offen, bestes Bier

Minus:
Am Wochenende oft überlaufen, keine Bäume im Hof

Fazit:
Karawanserei mit sagenhaftem Bier

186 Unser Tipp:

Biergarten im Winter!
Dies ist der einzige „Biergarten“, den wir weniger im Sommer als im Winter empfehlen, unter der Woche, möglichst bei grausligem Wetter, dann, wenn keine Busladungen, sondern nur die ganz Eingefleischten hier heraufkommen ins urgemütliche Bräustüberl und ihren Doppelbock schlürfen. Es ist auch drinnen erlaubt, die Brotzeit mitzubringen, eine Bedienung gibt's nicht, die hätte nur den Mönchen die Sinne betört. Das ist wie Biergarten im Wirtshaus!

Klostergasthof Andechs

Jeder ist schon vorbeigekommen, auf dem Weg nach ganz oben: Wer keine Lust hat dort oben im allzu sonnigen Innenhof mit Kantinenkost abgespeist zu werden, dem sei in halber Höhe, knapp rechts vom Weg der Hauptkarawanen, der viel kleinere, aber schattige Biergarten des Klostergasthofs empfohlen. Eine willkommene Erquickung, wenn uns angesichts des sakrisch steilen Aufstiegs der rechte Bergbock abgeht.

Allererste Wahl ist die Lachsforelle mit 19 Kräutern, Vergleichbares kennen wir aus keinem anderen Biergarten. Bis auf den legendären Doppelbock ist das Bier das Gleiche wie oben im Bräustüberl, der Wirt aber ist ein anderer.

Hier geht's beschaulicher zu und biergartiger ist es obendrein. Kastanien, Kies, Brotzeitstandl – das ist der eigentliche Biergarten von Andechs. Und das schönste dran: Wenn Leut da sind, hat der Biergarten viel länger auf als das Bräustüberl. Ausprobieren!

82346 Andechs, Bergstraße 9
Tel. (08152) 9 30 90, www.andechs.de

Wann:
Täglich 10 - max. 23 Uhr

MVV:
S 8 Herrsching, Bus 951 vom Bahnhof, fährt selten, letzter Bus zurück gegen 20 Uhr

Rad:
Radweg (nicht ganz durchgehend) von Starnberg über Perchting (14 km)
5 km Zur Post Herrsching (184)
6 km Seehof Herrsching (182)
12 km Tutzinger Biergarten (194)

Parken:
Riesen P am Fuß des Klosterberges

Sitzplätze:
350; durchweg Holztische

Essen:
Übliche Auswahl; die Lachsforelle ist ein Genuss!

Kinder:
Schöner, großer Spielplatz gleich unterm Biergarten, kaum einsehbar; keine Autos

Plus:
Biergarten-Atmosphäre, Schatten von Kastanien, gutes Essen

Fazit:
Andechs etwas intimer

188 Unser Tipp:

Andechs Kultur
Genießen Sie den altbayrischen Dreiklang aus Bier, Musik und Kirchenkunst: Im Florianstadl, dem ehemaligen Brauereigebäude, steigen anspruchsvolle Konzerte einschließlich der Carmina Burana – Komponist *Carl Orff* liegt oben in der Klosterkirche begraben. Noch stimmungsvoller ist die Alte Bibliothek für kleinere Konzerte vom Harfenduo bis zur Frauenhofer Saitenmusik. Näheres unter www.andechs.de

Hof-Biergarten Grenzebach

Weit draußen, südlich vom Ammersee, genauer in Stillern bei Raisting, erreichbar nur über ein Sträßlein, liegt mitten im fetten Bauernland und ganz unerwartet der Hof-Biergarten. Wo sonst haben wir einen Landwirt als Wirt? Der zunächst nur eine Käserei mit Hofladen betrieb, dann fragten vorbeikommende Radler nach Trinkbarem und so entstand 1993 der Biergarten. Herrlich unaufgeregt ist es hier geblieben zwischen Wiesen, Bächen und der hauseigenen Kapelle (Feldmesse am 1. Mai). Platz ist weit herum, die Biertische stellen wir uns dahin, wo's behagt.

Der Aufdruck auf den Bierkrügen zeigt die Großeltern Grenzebach nebst ihrer prämierten Kuh Fanny. Vom "Rufus" hat die Fanny noch nichts geahnt – das ist der bierfilzgroße Pager, der uns ruft, wenn die Bio-Spare Ribs fertig sind. Zum Sonnwendfest lodert ein großes Feuer und die Musik spielt auf (Eintritt). Das Salettl schützt uns, wenn's mal duscht.

Der Hof-Biergarten ist ein Paradies für Radler, Wanderer, Ökofans und Kinder – ideal für einen Sonntag auf dem Land.

Neumarkter Lammsbräu
DAS FEINE ÖKOLOGISCHE BIER

82399 Raisting, Stillern 1
(08809) 675, www.hof-biergarten.de

Wann:
Mi - Fr ab 17 Uhr,
Schankschluss nach Andrang
Sa/So ab 12 Uhr

Rad:
16 km Andechs (186, 188)
18 km Alte Villa (180)

Parken:
P ausreichend vorhanden

Sitzplätze:
250, durchweg Garnituren, samt Salettl

Essen:
Biofleisch, hervorragende Brezn, Bauernsalat, hausgemachte Salate

Kinder:
Spielplatz vorhanden, Kamerunschafe im Streichelgehege

Plus:
Herrlich unaufgeregt, preisgünstig

Fazit:
Einer wie keiner – ausprobieren!

190 Unser Tipp:

Bayern grüßt den Rest der Welt

Einst galt die Erdfunkstelle Raisting als Symbol für den Aufbruch des Agrarlandes Bayern in die Moderne. Heute ist das Radom zum Denkmal erklärt – so schnell kann's also gehen. Die Anlage soll der Öffentlichkeit zugänglich gemacht werden – wann, ist ungewiss. Einmalig ist der Kontrast des uralten Kirchleins vor den weißen Alienmonstern und der Alpenkette im Hintergrund. Anschauen!

Maisinger Seehof

Fast verloren im fetten Bauernland, weit weg vom Autoqualm, von Alltagssorgen, Freizeitstress, lädt dieses kleine Idyll zu einer Rast am Ufer des Maisinger Moorsees ein. Oben auf der Uferböschung stehen die Holztische, mit Licht und Schatten, ganz wie's gefällt. Unten tollen die Kinder am Bach, jagen durchs Schilf oder paddeln im warmen Seewasser. Großstadt ade, ringsum nichts als Felder, Weiden, Wälder. Das wissen auch die anderen Leute und drum wird es am Wochenende gerne voll.

Als besonderes Schmankerl schenkt man hier das Weißbier aus der Familienbrauerei Jacob aus.

Wer mit dem Auto kommt ist selber schuld; viel besser schmeckt die Maß, nach einer Wanderung von Tutzing oder Andechs herüber. Der König-Ludwig-Weg führt direkt vorbei. Lieber einen Kniaschnackler eingfangt als bleifußkrank geworden!

Kloster Andechs seit 1455

82343 Maising-Pöcking, Seestraße 14 am Maisinger See
Tel. (08151) 74 42 42, www.maisingerseehof.de

Wann:
Von April bis Oktober täglich 10 - 22 Uhr, Montag Ruhetag (falls Mo Feiertag, dann Dienstag Ruhetag)

MVV:
S 6 Possenhofen,
Bus 962 Maising (Mo - Fr)

Rad:
9 km Tutzinger Biergarten (194),
10 km Andechs (186, 188)

Parken:
Großer P anbei

Sitzplätze:
450; durchweg Holztische

Essen:
Bestellungen werden frisch bereitet, man bekommt einen Summer; selbstgeräucherter Fisch

Kinder:
Spielplatz vorhanden;
Bach, Wald, See

Plus:
Lage am Seeufer,
kein Autolärm

Minus:
Am Wochenende oft voll

Fazit:
Ideale Sommerfrische im Herzen des Fünfseenlands

192 Unser Tipp:

Durch die Maisinger Schlucht

Tief hat sich der kleine Maisinger Bach in die Nagelfluhschichten der Eiszeit hineingesägt und uns damit einen wunderschönen Wandercanyon geschaffen, inklusive Höhlen und angrenzendem Standortübungsplatz. Von Starnberg der Straße Richtung Herrsching folgen, dann links ab in die schattige Schlucht. Am Bach auf oft feuchtem Wanderweg entlang bis Maising. Am anderen Ende des Dorfes auf dem Stichsträßlein zum Biergarten am See.

Tutzinger Biergarten

Der Garten Eden auf einer kleinen Landzunge, nur durch den Uferweg vom Türkis des Starnberger Sees getrennt. Die leichte Brise macht auch heiße Tage erträglich, hinterm Haus liegt sowieso Badegelände. Wer Umkleidekabinen benötigt, der findet das Tutzinger Strandbad nur wenig nördlich von hier. Herrlich der Blick aufs andere Ufer mit den behäbigen Dörfern, die sich die Hügel hinaufziehen. Dort drüben ist Oskar-Maria-Graf-Land, dort wurde er geboren und auf dem Friedhof von Aufkirchen liegt seine Familie begraben.

Im Restaurant im gleichen Haus wird groß aufgekocht, wir begnügen uns mit dem familiär wirkenden Biergarten, der früher auf den Namen *Zum Häring* hörte. Ideal ist die Uferlage zum Weißwurstfrühstück, denn vormittags spitzt die Sonne über den See her in den Biergarten.

Also: Traumblick genießen und Badehose nicht vergessen! Und wenn's mal kühler ist: Ein Stapel Decken liegt bereit, bedienen Sie sich!

82327 Tutzing, Midgardstraße 3-5
Tel. (08158) 12 16, www.haering-wirtschaft.de

Wann:
Täglich 10 - 23 Uhr

MVV:
S 6 Tutzing, oder per Schiff von Starnberg

Rad:
Uferradweg Starnberger See; 12 km Andechs (186, 188)

Parken:
Zufahrt von Straße Starnberg-Tutzing, nach Ortseingang Tutzing links; P am Haus

Sitzplätze:
250; durchweg Holztische

Essen:
Günstiges Tagesessen; Eigene Bäckerei; Spezialität des Hauses: selbstgemachter Obatzda. Viele Brotzeiten, Steckerlfisch, Weißwurstfrühstück

Kinder:
Bach, Badewiese, Karussell

Plus:
Direkt am See, schöner Blick, Badewiese

Fazit:
Traumlage an Münchens beliebtestem Ausflugsziel

194 Unser Tipp:

Ludwigs und Sissis Stelldichein
Die bayerischen Märchenmonarchen verband neben einer schwärmerischen Freundschaft auch der Starnberger See: Die spätere Kaiserin wuchs auf in Schloß Possenhofen (heute privat), auf der Roseninsel bei Feldafing (Fährdienst) trafen sich die beiden verwandten Seelen wieder und wieder, sogar im Midgardhaus am heutigen Biergarten gaben sie sich die Ehre.
Bei Berg ertrank Bayerns König im Starnberger See (Votivkapelle und Gedenk-Kreuz).

Bruckenfischer

Radler, Autoausflügler und Floßfahrer sind sicher schon an dieser klassischen Ausflugsstätte vorbeigekommen, direkt an der Isarbrücke von Schäftlarn und vor der ersten Straßenschikane bevor es steil Richtung Deining hinaufgeht. Die Lage zwischen Isar und Isarkanal wäre ideal, würde nicht ein öffentlicher Weg den Biergarten mitten entzwei spalten. Hier fluten die Radler und Wanderer durch, von denen manche tatsächlich den Versuchungen des Biergartens widerstehen. Vor allem aber quälen sich parkplatzsuchende Autos vorbei, denn Abstellplatz finden die erst hinterm Wirtshaus. Schritt-Tempo kann man den PS-Boliden offenbar nicht angewöhnen. Der Spielplatz liegt direkt an der Parkplatzzufahrt. Neuerdings sind hier einige antike Traktoren ausgestellt.

Am Isarufer unter hohen Bäumen Platz genommen, erwartet uns ein schöner Blick auf Kloster Schäftlarn.

LÖWENBRÄU

82544 Egling, An der Schäftlarner Brücke, Dürnstein 1
Tel. (08178) 36 35, www.bruckenfischer.de

Wann:
Sa/So, feiertags 10 - 22 Uhr
unter der Woche Bier drinnen holen

MVV:
S 7 Hohenschäftlarn,
Bus 961 Kloster Schäftlarn, nur an Schultagen

Rad:
1 km Schäftlarn (200)
7 km Aujäger (198)

Parken:
P hinterm Haus oder auf der anderen Straßenseite

Sitzplätze:
450; durchweg Holztische

Essen:
Übliche Auswahl, z.T. aus der Warmhalteglocke

Kinder:
Spielplatz vorhanden, aber direkt an der Parkplatzzufahrt

Plus:
Schöne Lage an der Isar

Minus:
Parksuchverkehr mitten im Biergarten

Fazit:
Ausflugsbiergarten mit Durchgangsverkehr

196 Unser Tipp:

Niagara an der Isar
Etwas oberhalb der ersten Spitzkehre an der Straße zweigt links das Sträßlein zur Mühle ab, einem alten Gasthaus direkt an der längsten Floßrutsche der Isar. Eine kurze Wanderung bringt uns in den herrlichen Wirtsgarten. Am besten Flöße schauen kann man gegen Mittag: Uns Zaungästen scheint es ja nicht so sakrisch steil, den Fahrgästen aber kommts, den Gesichtern nach zu schließen, wie ein Sturz übern Niagara-Fall vor. Dann geht die wilde Fahrt hinab, uns gischtet nur etwas Isarwasser über den Maßkrugrand. Oben zittern schon die nächsten Niagara-Aspiranten.

Aujäger

Am Südrand der Pupplinger Au, an der Straße von Wolfratshausen nach Egling, liegt linkerhand der durchaus ländliche Biergarten. Der Aujäger ist eine ideal gelegene Raststation für eine Wanderung oder Radltour entlang der Isar (siehe Tipp).

Auf der Sonnenseite des Gasthauses regiert die Kellnerin, doch vorne gibt's Selbstbedienung.

Die Kinder haben viel Platz, der Blick geht am Maibaum vorbei über die weiten Auwiesen – ein Idyll besonders in der Abendsonne, wenn vorne auf dem Weg Skater, Radler oder eng umschlungene Paare vorüberziehen.

Himmel der Bayern
Hacker-Pschorr
MÜNCHNER BRAUTRADITION
SEIT 1417

82544 Puppling, Austraße 4
Tel. (08171) 7 85 56, www.aujaeger-puppling.de

Wann:
10.30 - 23 Uhr
Mo, Di Ruhetag

MVV:
S 7 Wolfratshausen, 20 Min. zu Fuß

Rad:
8 km Schäftlarn (200)

Parken:
großer P vorhanden

Sitzplätze:
450; durchweg Holzgarnituren

Essen:
Übliche Auswahl zu günstigen Preisen; Sonntag Steckerlfisch

Kinder:
Kleiner Spielplatz, gut einsehbar

Plus:
Schöne Lage, preiswertes Essen

Minus:
Wochentags hat die Gartenschänke nicht immer offen

Fazit:
Freizeitfreundlicher Biergarten ohne Besonderheiten

198 Unser Tipp:

Paradies für Inline-Skater
Besonders die Skater schätzen die flache und geteerte, aber autofreie Straße an der Isar entlang bis Schäftlarn und weiter an der Isar zum Gasthaus Mühle direkt an der längsten Floßrutsche der Isar. Das gilt natürlich auch für Radler:
Die S-Bahn nimmt Sie und Ihr Gefährt bis Wolfratshausen mit, dann geht s am Aujäger vorbei nach Norden zurück.

Klosterbräu Schäftlarn

Im weiten Talgrund der Isar liegen Kloster Schäftlarn und der Bräu, ein klassisches Ausflugsziel – mit angeschlossenem Hotel für Sitzenbleiber. Die Fassade des ehrwürdigen Gasthauses wurde erneuert.

Schön ist der Blick auf Kloster und Isartal. Das wissen auch die vielen Radler, die hier einkehren, vor allem, wenn sie den langen Berg nach Hohenschäftlarn hinauf noch vor sich haben. Von Ebenhausen (S-Bahn) führt ein Fußweg direkt hinab zum Kloster.

Die Gartenschänke hat nur am Wochenende geöffnet, an den anderen Tagen muss man sich das Bier drinnen im Lokal holen.

LÖWENBRÄU

82067 Ebenhausen-Schäftlarn
Tel. (08178) 36 94, www.klosterbraeustueberl-schaeftlarn.de

Wann:
Täglich 9 - ca. 22 Uhr
z.T. schon im Februar offen!
Gartenschänke nur am Wochenende

MVV:
S 7 Hohenschäftlarn
Bus 961 Kloster Schäftlarn, nur an Schultagen

Rad:
Steinige Wege entlang der Isar, bequemer von Pullach entlang der B11;
1 km Bruckenfischer (196)
8 km Aujäger (198)

Parken:
P anbei

Sitzplätze:
500; durchweg Holzgarnituren

Essen:
Fr/Sa Schnitzel/Steak/Kotelette
Sonntag Bauernente; dazu reichhaltige Getränkeauswahl

Kinder:
Eingezäunter Spielplatz mit Trampolin, einsehbar

Plus:
Kloster, Lage im Isartal

Minus:
Straßenlärm

Fazit:
Für durstige Radler und Kunstbeflissene überaus einladend

200 Unser Tipp:

Barockmusik
Vom Biergarten müssen Sie nur über die Straße gehen zur altberühmten Klosterkirche Schäftlarn. Von außen wirkt der Bau einfach, innen glänzt überaus barocke Pracht. *Cuvilliés, Viscardi, Fischer, Gunetzrhainer, Zimmermann* – das ganze Who's Who des bayerischen Barock und Rokoko hat an Bau und Ausgestaltung mitgewirkt.
In der Kirche finden meist samstags die Schäftlarner Klosterkonzerte statt (Tel. 08178-3435 und www.schaeftlarner-konzerte.de.)

Grünwalder Forstwirt

In der ersten Auflage dieses Biergartenführers firmierte der Biergarten noch als Entenalm. Sie gehörte den Münchner Trambahnern. Draus ist der Grünwalder Forstwirt geworden, der freilich in Straßlach liegt.

Schon an der Hauptstraße draußen empfängt uns das Hinweisschild „sonniger Biergarten". Ob man das als Werbung auffasst, bleibt jedem selbst überlassen. Dazu passen die Hängematten sowie die Liegestühle, die man hier mieten kann. Eine Stichstraße bringt uns zum ruhigen, weitläufigen Gelände. Der Blick reicht über die Felder bis in die Alpen hinein. An die Straßenbahner-Vergangenheit erinnert der echte weiß-blaue Tramwagen, der sogar ein Stück Gleis unter den Rädern mitnehmen durfte.

Leider hat der Forstwirt recht eingeschränkte Öffnungszeiten, jedenfalls was den Biergarten selbst betrifft. Nur am Wochenende und feiertags schenkt man uns hier eine frische Maß ein. Doch auch dann kann schon am frühen Abend Schluss sein. Ansonsten gibt es hier naturgemäß wenig Gedränge, für die Kinder bleibt genügend Platz zum Fußballspielen oder zum Räuber und Schandi.

HERZOGLICH BAYERISCHES BRAUHAUS TEGERNSEE

82064 Straßlach, Riedweg 41
(08170) 2 13, www.gruenwalder-forstwirt.de

Wann:
Sa/So, Feiertag ab 11.30 bis abends, je nach Andrang

MVV:
Bus 271 von S 7 Höllriegelskreuth

Rad:
Von Deisenhofen
7 km Kugleralm (136) durch Grünwalder Forst
7 km Bruckenfischer (196)

Parken:
Großer P vorm Haus

Sitzplätze:
700; durchweg Holztische

Essen:
„Alpenländische Küche"; Biofleisch aus Eurasburg; Tellersülze vom Bioschweinebraten

Kinder:
Großer, schattiger, parkähnlicher Spielplatz; viel Auslauf

Plus:
Ruhige Lage

Minus:
Magere Verfügbarkeit

Fazit:
Ruhiger Ausflugsbiergarten

202 Unser Tipp:

Vorsicht Wadlbeißer!
Gar nicht weit ist es vom Kloster Schäftlarn oder Deininger Weiher zum Forstwirt, doch müssen Sie von der Isar herauf ein paar Schweißtropfen investieren und auch der Deininger Weiher geht nicht kostenlos her. Versteckte Badeweiher liegen südlich bei Thanning und Harmating. Wer noch nicht genug hat, schnauft im Süden des Harmatinger Weihers hinauf bis zur Peretshofener Höh, eine der prachtvollsten Aussichtswarten Oberbayerns. Schön liegt auch das Gasthaus zur Mühle, direkt an der längsten Floßrutsche der Isar.

Wo es sich sonst noch lohnt

Dieser Anhang führt einige Biergärten auf, die sich zwar nicht „qualifiziert" haben, einen Besuch aber trotzdem lohnen. Wenn Sie Ihren Lieblingsgarten nur hier finden, heißt das nicht, dass er weniger schön wäre als andere, sondern nur, dass er unsere zugegeben strengen Aufnahmekriterien nicht voll erfüllt hat. Ganz unerwähnt bleiben in jedem Fall die sogenannten Biergärten, die das Mitbringen der eigenen Brotzeit nicht erlauben.

Waldwirtschaft Bienenheim

Ein schöner Biergarten, in dem man sich schon weit weg von der Stadt wähnt. Man weiß nur leider nie so recht, ob das Bier nun der Ober bringt oder ob man es selbst holen darf... Brotzeit mitbringen ist zwar offiziell erlaubt, hat sich jedoch noch nicht so recht eingebürgert.

Offen 13 - 22 Uhr, Montag Ruhetag. Ausreichender P. *Brauerei Maisach. 350 Sitzplätze an gedeckten Holz- und Plastiktischen. Kein Spielplatz.*

81249 München-Lochhausen, Bienenheimstraße 11
Tel. 8 64 14 54, www.waldwirtschaft-bienenheim.de

El Diablo

Ein Mexikaner in Gilching – und trotzdem ein Biergarten! Mitten in der Biergarten-Diaspora zwischen Germering, Gauting und Seefeld der einzige Lichtblick. Gleich neben der S-Bahnstation und mit extra langer Öffnungszeit. Hossa!

Offen 15 - 1 Uhr, sonntags ab 12 Uhr. S 8 Gilching-Argelsried. P *vorhanden. Löwenbräu. Essen: Spare Ribs, Schupfnudeln mit Kraut, hausgemachte Breznknödel. 380 Sitzplätze.*

82205Gilching, Römerstraße11
Tel. (08105) 77 68 77, www.eldiablo-cantina.com

Stoibermühle

Der Flughafen liegt nahe – zu nahe, denn die dritte Startbahn droht, den Biergarten plattzuwalzen. Das Landgut Stoibermühle ist alt, der Biergarten jüngeren Datums, doch hat er sich gut entwickelt und bietet schattige Kastanien. O-Ton der Einheimischen: „Mir sitz'd ma in der Stoiba und grad schee is."

Offen täglich 10 - 23 Uhr. S 1 Freising. **P** *vorhanden. Huber Weisse und Augustiner Bier. Essen: Sa/So Steckerlfisch und Haxn, 600 Sitzplätze, durchweg Holz. Kinder: Spielplatz, Wiese und Badegelände.*

85417 Marzling, Stoibermühle 1,
Tel. (08161) 8 23 68, www.stoibermuehle.de

Landgasthof Neuwirt

Viele Schirme unter drei grandiosen Kastanien. Ein Stück altes Sauerlach nur 500 Meter vom übermodernisierten Hauptplatz.

Offen täglich 10.30 - 22 Uhr. S 3 Sauerlach, dann 500 m Fußweg. Ausreichender **P**. *Brauhaus Tegernsee. Essen: gute Auswahl, 400 Sitzplätze, meist Holz. Schöner Spielplatz.*

82054 Sauerlach, Bahnhofstraße 13
Tel. (08104) 6 67 90, www. hotel-neuwirt.de

Ritterschwemme zu Kaltenberg

Ein großer, schöner, uriger Biergarten, der meistens nur zu den Ritterspielen im Juli offen hat (Eintritt!). Ansonsten Bier in der Ritterschwemme holen. Kostenloses Spektakel, wenn die Ritter Ende Juni in der Arena trainieren – vom Biergarten gut einzusehen.

Offen nur sonntags bei schönem Wetter 10 - 20 Uhr. S 4 Geltendorf, dann 45 min. Wanderweg. **P** *vorhanden. Eigenes Bier (Hell und Dunkel). Keine Brotzeitstandl. 1000 Sitzplätze, durchweg fest installiert. Kein Spielplatz.*

82269 Kaltenberg, Schloßstraße 11
Tel. (08193) 75 75, www-ritterschwemme.de

Bräustüberl Schloss Seefeld

Mal was ganz anderes: Ein Biergarten in mittelalterlicher Schlosskulisse. Wegen Denkmalschutz gibt es keine Essensstandl und keinen Spielplatz, aber auch bayerisches Essen à la carte und für die Kinder das riesige, autofreie Schlossareal. Jeden ersten Sonntag im Monat Live-Musik mit Jazz, Dixie, Blues.

Offen täglich 10 - 24 Uhr. Großer **P**. *Graf Toerring Bier, Huber Weisse, 320 Sitzplätze. Kein Spielplatz.*

82229 Seefeld, Schlosshof 4c
Tel. (08152) 9 91 20, www.braeustueberl-seefeld.de

Wirtshaus am Hart

Der urige, fast ländlich wirkende Wirtsgarten hat's mit der Selbstbedienung schon immer schwer gehabt und sie deshalb inzwischen ganz abgeschafft. Schade drum. Zum Trost bietet das „Bayerische Rabattstünderl" von 14.30 bis 16 Uhr extra günstiges Bier. Das Hinterhof-Theater spielt im Haus.

Offen 11 - 23 Uhr. U2 Am Hart. **P** *in den umliegenden Straßen. Löwenbräu. 300 Sitzplätze. Spielplatz.*

80937 München-Am Hart, Sudetendeutsche Straße 40
Tel. 37 77 96 02, www.theater-platz.de

Erdinger Weißbiergarten

Ein wunderbar schattiges Kastaniendach empfängt uns, die Maß Weißbier im Keferloher freut uns. Besonders schön ist's hier am frühen Abend, wenn die tiefstehende Sonne unters Blätterdach hineinscheint. Leider hat die Selbstbedienung nur bei allerstrahlendstem Wetter offen.

Täglich 17 - 23 Uhr, Wochenende ab 16 Uhr. U 6 Klinikum Großhadern. **P** *auf der Straße und hinterm Biergarten. Erdinger Weißbräu. 250 Sitzplätze. Kinderspielplatz.*

81377 München-Großhadern, Heiglhofstraße 13
Tel. 7 19 43 00, www.gasthaus-zum-erdinger-weissbraeu.de